婉约才女李清照

知否知否
应是绿肥红瘦

赵玉梅·著

中国书籍出版社
China Book Press

图书在版编目 (CIP) 数据

婉约才女李清照：知否知否应是绿肥红瘦 / 赵玉梅
著 . -- 北京：中国书籍出版社 , 2022.11

ISBN 978-7-5068-9266-7

Ⅰ . ①婉…　Ⅱ . ①赵…　Ⅲ . ①李清照（1084- 约
1151）- 传记　Ⅳ . ① K825.6

中国版本图书馆 CIP 数据核字（2022）第 209550 号

婉约才女李清照：知否知否应是绿肥红瘦

赵玉梅　著

责任编辑	邹　浩	
责任印制	孙马飞　马　芝	
封面设计	尚书堂	
出版发行	中国书籍出版社	
地　　址	北京市丰台区三路居路 97 号（邮编：100073）	
电　　话	（010）52257143（总编室）　（010）52257140（发行部）	
电子邮箱	eo@chinabp.com.cn	
经　　销	全国新华书店	
印　　厂	三河市德贤弘印务有限公司	
开　　本	710 毫米 × 1000 毫米　1/16	
字　　数	155 千字	
印　　张	14	
版　　次	2023 年 4 月第 1 版	
印　　次	2023 年 4 月第 1 次印刷	
书　　号	ISBN 978-7-5068-9266-7	
定　　价	56.00 元	

前言

清泉照影，温雅静谧。岁月匆匆，流逝无痕。

世人所熟悉的李清照，是那个一身光环的"千古才女""词国皇后"，纤纤素手，写尽世间喜乐与悲愁。其词，含蓄清丽，别具一格，引领一代婉约词风；其诗，"雄浑悲壮，虽起杜韩为之，无以为过也"。

而抛开才女之名去细品李清照的诗词人生，才发现她的一颦一笑、一举一动都如此真实、美好，鲜活生动得不像千年前的人物。

年少时，她才情尽显，词名远扬。彼时，春光正好，阳光明媚，朝气蓬勃，笑靥如花的明媚少女曾日暮泛舟，带着三分醉意误闯藕花深处，也曾蹴罢秋千，在和煦的暖风里回头浅嗅青梅淡淡香味。

"云中谁寄锦书来，雁字回时，月满西楼。"在最好的华年里她遇到了最美的爱情与婚姻，那个叫赵明诚的男子从此与她的命运紧紧牵系在一起，所谓相濡以沫、志趣相投、琴瑟和鸣，莫过于此。

　　哪怕后来屏居青州，生活清苦，二人亦夫唱妇随、相敬如宾。而那段偏居乡里的生活反而成了她人生中最幸福的时光。

　　可惜好花不常开，好景不常在，一转眼她便走入了人生的寒冬。国破、家散、故人远去、乱世漂泊，苦难接踵而至。明媚少女的鬓边已爬上了寒霜，风烛残年，两手空空，孑然一身，尽管如此，她心中的炙热火焰始终未曾熄灭，她依旧浅吟低笑着告诉世人："然有有必有无，有聚必有散，乃理之常。"

　　世人爱清照，爱她的潇洒旷达、清雅无双。"沈水卧时烧，香消酒未消。"她好酒，常伴着醉意入眠，在梦里歌咏岁月，畅怀往事。在她看来，人生浓烈如酒，清冽如泉，又隽永如诗词。哪怕一路艰辛跋涉，半世飘摇零落，亦能够从容地与山河对饮，坚毅地与命运抗争。

世人爱清照，爱她的巾帼壮志和激烈飞扬的家国情怀。"欲将血泪寄山河，去洒东山一抔土。"对于动荡时局的敏锐观察、对于国家命运的殷切担忧，成为李清照人生后半程最重要的主题。人们也不禁为她开阔的胸襟、高远的精神境界及过人的胆略与担当所折服。

从繁华的汴京到秀丽的江南，从琴瑟和鸣、举案齐眉到茕茕孑立、漂泊无依，李清照人生的上半场如春花般绚烂美好，下半场则饱受寒风苦雨的侵袭。而对于后人而言，她始终是那个天资卓绝、才华横溢的奇女子，是中国文学史上熠熠生辉的一颗明珠！

作　者

2022 年 8 月

目 录

第一章　闺中烂漫情，李家有女初长成

太白清辉，朗照大地 　　　　　　　　　3

娉婷少女，引清风明月为知己 　　　　　7

远上汴京，此去经年，岁月漫漫 　　　13

胸有词章，名动京师 　　　　　　　　17

第二章　情不知所起，一往情深

尘缘暗起，刹那便是一生 　　　　　　27

心有所定，心有所属 　　　　　　　　31

两情相悦，佳偶天成 　　　　　　　　37

云鬓斜簪，新婚燕尔 　　　　　　　　43

第三章
人间别离苦，
柔情愁断肠

霎儿风雨，世事起伏无常　　　　51

凄凉离京，天各一方　　　　　　57

瘦比黄花，岁月悠悠催人老　　　63

欢喜归来，著意过今春　　　　　69

第四章
携手隐青州，
共度流年

屏居青州，凉风秋月两相知　　　73

意会神合，情趣相投　　　　　　77

横扫词坛，自是花中第一流　　　81

再次别离，独抱浓愁　　　　　　87

似水流年，风过无痕　　　　　　93

第五章

国难与家愁，
诗书作伴，
沦落天涯

山河破碎，狼烟烽起   103

飘摇南渡，道阻且长   107

憔悴凋零，惆怅度日   111

乌江怀古，论人生豪杰   117

天人两隔，肠断与谁同倚   125

第六章

任世事纷扰，
我自明月清风

颠沛流离，艰难的护宝之旅   133

轻诺寡信，以爱为名的骗局   143

唯求脱去，震惊朝野的离婚官司   147

不惧流言，剑胆琴心   153

第七章
萧萧两鬓华，
江山留与后人愁

门前风景，枕上诗书　　161

以诗为剑，欲将血泪寄山河　　167

著录金石，呕心沥血始完成　　171

邂逅金华，登八咏楼　　179

第八章
临安二十载，
风住尘香花已尽

重返临安，静默独居　　189

远离俗尘，不与奸佞为伍　　195

寻寻觅觅，铸千古绝唱　　201

传奇才女悄然谢幕　　207

参考文献　　211

第一章
闺中烂漫情，李家有女初长成

李清照，号易安居士，在中国文学史上有着"千古第一才女"的美誉。她的童年在济南章丘明水镇度过，是这片山明水秀的自由天地赋予了她绵延不绝的想象力和创作热情，而汴京岁月则开阔了她的眼界，丰富了她的见闻，为她成长为一代婉约词宗奠定了基础。

太白清辉，朗照大地

"北方有佳人，遗世而独立。"

北国佳人李清照，开创一代婉约词风，才女之名，流传千古。她以笔为剑，直面人生的残酷与命运的无常，她又以笔为酒，致敬灵魂的隽永与岁月的醇香。而她笔下散发的清辉，莹莹映照文坛至今。

李清照于宋神宗元丰七年（1084 年）出生于山东济南明水镇的一所宅院内。其父为北宋文人、官员李格非，外祖父为北宋名臣王拱辰。

李清照在《上枢密韩公诗二首》的诗序中这样写道："父祖皆出韩公门下"。意思是说，其父祖辈皆为北宋政治家、名将、词人韩琦的门下士。同时，李格非在元祐六年（1091 年）"以文章受知于苏轼"，名列苏门"后四学士"之一，由此可见李清照家世背景之优渥、显赫。

古人取名大多十分考究，那么"清照"之名从何而来？一说是李清照出生于凌晨，东方太白星初现时分，爱女的出生令李格非欣喜异常，他预感女儿日后必成大器，斟酌之下，为女儿取名为李清照。

一说"清照"之名出自唐代诗佛王维的《山居秋暝》："空山新雨后，天气晚来秋。明月松间照，清泉石上流。"

还有一种猜测是，"清照"之名由后魏郦道元撰写的《水经注》中"水色清照"之句化用而来。李格非一向醉心于水泉，以有着山水妙文之称的《水经注》中的锦词佳句为爱女命名，也是合情合理的。当然，这几种说法都是后人的猜想，具体情况如何，已经无从考证了。

李清照的家乡山东章丘历来以毓秀的风景为文人所称道，尤其是章丘明水镇的泉水清澈透亮，观赏价值极高。其中百脉泉名列济南七十二名泉之一，"状若贯珠，历落可数"。成长于这样的环境中的李清照灵秀天成，清雅无双，聪慧异常，可谓是人如其名。

历史上有关李清照幼年时的家庭环境的资料流传甚少，但可以想见的是，正是良好家风的熏陶和宽松自由的家庭环境启发了她源源不绝的才情，塑造了她温婉中不失豪放的独特个性和逆境中尤见坚韧的不屈灵魂。

清泉照影，清净澄澈。这位婉约才女既有着如水的柔情，又有着令世人仰望的清朗傲骨和不让须眉的勇气与魄力。而就在四季轮换、人事变迁中，小清照也慢慢地迎来了属于自己的人生……

李清照故居，漱玉堂前梨花盛开

娉婷少女，
引清风明月为知己

流年似梦，转眼间，李清照已成长为一位亭亭玉立的少女。

年少时光总让人难以忘怀，那时的河水清澈，天空湛蓝如画，空气里仿佛弥漫着甜蜜的花香。多年后，李清照用"绰约俱见天真"等词句来描画自己的少女时光，每每追忆，都是无尽的怀念与向往。

少女时期的李清照身姿娉婷，面容如初开的蓓蕾般美好，气质却如竹、如云，超凡脱俗。所谓腹有诗书气自华，出生于书香世家的她自幼饱读诗书，积累了深厚的文学修养。另外，少女李清照天性机敏，蕙心兰质，对周边事物有着敏锐的观察力，而积攒的心事、历历见闻又化为她日后笔下的锦绣词章，一举惊艳世人。

除了喜欢在诗书中寻找精神食粮外，李清照也格外享受畅游天地之间的时光，小小年纪便深谙自然野趣，引清风明月为知己。

一日，出门游玩的李清照沉醉于溪亭美景之中，直至日落时分亦不愿归去。她划着小船，带着几分醉意穿梭于荷叶、荷花之间，好不畅快。清风从她的面颊之上轻拂而过，她的发丝与衣襟则沾染上了浓郁的荷花香气。暮色笼罩大地，周围渐渐静了下来。

她划舟前行，方向渐迷，起初还悠游自得，可眼瞧着夕阳渐渐沉下去，心里也不禁着急了起来。可越是着急手上的舟桨反而越来越不听使唤，她用力划动着舟桨，搅起层层涟漪，反而误入藕花深处。只听"哗啦"一声，突然间，滩涂上的水鸟扑腾着翅膀，四散而去……

这件发生于少女时期的趣事一直被李清照铭记于心中，于是便有了那首名传千古的《如梦令》："常记溪亭日暮，沉醉不知归路。兴尽晚回舟，误入藕花深处。争渡，争渡，惊起一滩鸥鹭。"

很多人认识李清照，都是从这首词开始，这首小词所反映出的人物和景物都是如此的生动鲜活，充满了野逸之气。

据说李格非读了女儿所写的这首词后赞不绝口，而这首词流传开来后，还被当时的人们认为是出自词章名家、文学大师之手。

后人猜测，词中的"溪亭"应当位于李清照的家乡济南章丘明水镇，唯有徜徉在家乡的灵秀山水之间，李清照才得以如此放松、投入，在落日、荷香、水鸟清脆的鸣叫声中积蕴着巧思、灵气与才华。

少女情怀，清甜如蜜，醇厚如诗。那时候的她一举一动都天真懵懂、率性而为。而多年后回首，才发觉记忆里的喜怒哀乐都化作了岁月烂漫、山河静好。

时光的车轮不可避免地向前驶去，家乡岁月渐渐成为过往，而汴京岁月却缓缓拉开了帷幕，少女李清照站在舞台中央，她的传奇人生才刚刚开启……

诗词欣赏

如梦令·常记溪亭日暮

李清照

常记溪亭日暮，沉醉不知归路。

兴尽晚回舟，误入藕花深处。

争渡，争渡，惊起一滩鸥鹭。

赏 析

　　这是一首回忆往昔之作，词中的"溪亭"指的是临水而筑的亭台。"常记溪亭日暮"一句虽起笔平淡，却自然流畅，给人留下深刻的印象。"溪亭""日暮"相继点出了词作内容发生的地点与时间。"沉醉不知归路"一句则将作者当时的状态、心情刻画得淋漓尽致——少女李清照醉眼朦胧，流连忘返，心情愉悦、舒畅无比。

　　"兴尽晚回舟，误入藕花深处"二句笔意一转，刻画了作者游玩尽兴，想要在夜色降临前归家却不小心误入荷塘深处的场景，如此戏剧性的转折与之前平淡、自然的起笔形成鲜明对比，勾起读者更深一步的阅读兴趣。"争渡，争渡"一句中，"争"字突出了作者此时渐渐焦灼的心情，而词语的重复亦增添了词章的节奏感和韵律美，读来饶有趣味。"惊起一滩鸥鹭"一句给这首小令画上了一个完美的句号，言辞天真美好，意境无穷。

这首《如梦令》语调清新，寥寥数语刻画出了一个纯洁天真的美好少女形象，词中描画的种种场景都令人感到舒适惬意，不愧为一首流传千古的佳作。

远上汴京，
此去经年，岁月漫漫

宋元符二年（1099 年），在接到父亲的家书后，李清照和母亲、弟弟一起离开了熟悉的家乡，风尘仆仆赶赴汴京，开始了在汴京的生活。

离开家乡虽然令她惆怅，却也令她兴奋。这位千古才女生来潇洒，志向远大，注定不会被困顿在一方狭小天地。

去往汴京的路途颠簸遥远，一路风景变幻无穷，时而见山之巍峨，时而见河之清澈，时而穿梭于山间小道，时而路过繁华市井。经历一番车马劳顿后，李清照和家人们终于来到汴京。

汴京，即大名鼎鼎的开封城。作为北宋的首都和当时最大的都城，开封城历史悠久，美名远扬。宋代孟元老所著的《东京梦华录》中这样描述道："举目则青楼画阁，绣户珠帘。雕车竞驻于天街，宝马争驰于御路。金翠耀目，罗绮飘香。新声巧笑于柳陌花衢，按管调弦于茶坊酒肆。八荒争凑，万国咸通。"汴京之繁华热闹，跃然纸上。

虽无明确的历史记载，但可以想见李清照第一次目睹汴京之风采时那新奇、激动的心情。

汴京的生活开始了。此时正是北宋国力强盛之时，汴京的大街小巷车水马龙、行人如织，茶楼酒肆彩旗招展、商贾如云。李清照并非寻常闺阁女子，不会将"大门不出、二门不迈"视为必须遵守的生活规矩，还在家乡时，她便喜好游山玩水，沉醉于自然野趣中，如今来到汴京，她更是兴致勃勃地观察、探索着身边的一切。

此去经年，岁月流逝如川，不可追回。虽然家乡美景时常在梦中出现，但成长的喜悦还是冲淡了思乡之情。随着读过的书、见过的人与事越来越多，李清照的心胸与眼界也变得越发开阔。

在李清照的回忆中，在汴京生活充实，甜蜜的时候居多。她曾回忆年少时在汴京过元宵节时的情形："中州盛日，闺门多暇，记得偏重三五。铺翠冠儿，捻金雪柳，簇带争济楚。"（《永遇乐·落日熔金》）

那时候，每逢元宵佳节，汴京城中灯火通明，弦乐不断，汴京城中的女子都会戴上用翠鸟羽毛装饰的帽子，穿上华丽的衣服，打扮得异常美丽，相约出门看灯。街上民众往来似云浪，热闹非凡。

在京都盛景中，李清照渐渐成长起来。年少的她习惯于用诗词文章记录自己的心情，很快便凭着几首传世杰作惊艳了整个京师……

胸有词章，名动京师

汴京城里文人云集，书香馥郁，为李清照挥洒个性、施展才华提供了更广阔的舞台。而城中处处新奇之景也极大地激发了李清照的创作热情，使得其很快便在京都文坛中崭露头角。

积累学识，酝酿词章

随着年岁渐长、见识越深，李清照对世事的观察与思考变得越发深刻，她对于知识的渴望也变得越来越强烈。家中藏书丰富，生活环境清雅，碧玉年华的李清照读起书来比幼时更加勤奋。她默默积累着学识、酝酿着才华，写诗作词的水平一日高过一日。

　　李清照的进步与其父李格非开明的教育分不开。李格非饱读诗书，学识深厚，其心胸之开阔、眼光之深远绝非寻常之辈所能比拟的。他很少用三从四德的标准去约束女儿的言行，更不会将"女子无才便是德"奉为金科玉律去框限女儿的灵气与才华。他从不限制女儿读书、写文作词，而是尽力辅导女儿创作，并尽量为女儿提供扩宽视野、广博见闻、施展才华的机会。

　　李格非在汴京做官，与京中诸多文人墨客交好。在出席一些交际、应酬的场合的时候，偶尔他也会带上李清照，好让女儿一观这些文人的风采。这些文人中，很多都是文坛中赫赫有名的大人物，李格非的好友晁补之便是其中之一。

　　晁补之，字无咎，善诗文、书画，与黄庭坚、秦观、张耒一起被称为苏门四学士。晁补之对李清照的才情文章印象深刻，时常在李格非面前称赞李清照小小年纪却笔力出众、灵气逼人。李格非欣慰骄傲之余，干脆请晁补之担任女儿的家庭教师，晁补之亦欣然答应，就这样，李清照与这位文坛前辈结下了一段亦师亦友的情谊。

　　在李格非、晁补之等文坛名家的精心教育下，李清照作诗填词越发得心应手，很快在这汴京城中一鸣惊人。

大展才华，一鸣惊人

　　提起李清照的作品，后人最为熟悉的莫过于"争渡，争渡，惊起一滩鸥鹭""知否，知否？应是绿肥红瘦"……

上述词句分别出自《如梦令·常记溪亭日暮》《如梦令·昨夜雨疏风骤》。这两首《如梦令》风格清丽、隽永，各具千秋，为人们津津乐道至今。然而，让很多第一次读到这两首词的人大感吃惊的是，如此经典的作品竟出自一位初涉世事的少女之手。

尤其是这首《如梦令·昨夜雨疏风骤》，它是李清照到达汴京不久后作下的小令，据说它一经传出便在汴京城中引起轰动，令李清照才女之名远扬，连文学名士、大家们也大为惊异，纷纷赞这小女子词句清新，似一脉清泉涤荡文坛。《尧山堂外纪》中记载了当时的情景："当时文士莫不击节称赏，未有能道之者。"

少女李清照作词风格自成一派、日趋成熟，思想上也逐渐深刻，对于前人的诗词文章，她反复观读之下，有了自己的思考。

比如，在读罢"苏门四学士"之一张耒创作的七言古诗《读中兴颂碑》后，李清照感叹不已，并在强烈的表达欲望的催动下挥笔写下两首应和之作，即《浯溪中兴颂诗和张文潜二首》。

这两首应和之作笔力老到，见解深刻，辛辣地嘲讽了唐明皇在位后期的昏庸无道，总结了唐"安史之乱"爆发的原因，以此借古喻今，告诫北宋统治者吸取历史教训，励精图治，革故鼎新。

其中有"夏商有鉴当深戒，简策汗青今具在。君不见当时张说最多机，虽生已被姚崇卖。""花桑羯鼓玉方响，春风不敢生尘埃。姓名谁复知安史，健儿猛将安眠死"等名句，读来令人热血激昂、思绪万千。

世人想不到，在封建男权社会中，一位弱质女子能够发此振聋发聩之语，她对于时局的关注是如此密切，对于历史的感悟是如此深刻，令人刮目相看、拍案叫绝。明代陈宏绪的《寒夜录》中盛赞李清照的这两首诗："奇气横溢，尝鼎一脔，已知为驼峰、麟脯矣。"

　　随着李清照的名作越来越多，她亦词名远扬，轰动京城，日后更是成为婉约词的大宗师……

诗词欣赏

如梦令·昨夜雨疏风骤

李清照

昨夜雨疏风骤，浓睡不消残酒。

试问卷帘人，却道海棠依旧。

知否，知否？应是绿肥红瘦。

赏 析

在李清照的作品中，这首《如梦令》有着不容忽视的影响力，是其早期代表作之一。"昨夜雨疏风骤，浓睡不消残酒"，起始二句描述了词人在骤雨袭来、狂风肆虐的夜晚怀着浓浓的醉意和对庭院花草的担心睡去，第二日醒来宿醉未消的情形。

"试问卷帘人，却道海棠依旧"二句承接上句，描写了这样的场景：词人刚一醒来便询问侍女庭院中的花草怎么样了，尤其是海棠花，经过一夜风雨摧残后是否完好，侍女答道"海棠依旧"。

一个"试"字刻画出了李清照矛盾的心情，她迫切地想知道院中昨日开得正艳的海棠花如今是何模样，却又不敢起身去看，生怕看到满地残花的场景，只好忐忑不安地询问侍女，而侍女的回答明显是出乎她意料的，这就自然而然地引出了末尾二句——"知否，知否？应是绿肥红瘦"。这二句像是在回应侍女，又像是在回应自己腹内萦绕一夜的猜想：知不知道，庭院海棠经过一夜风雨后应是红花凋零、绿叶繁茂才是。

这首词语意曲折，意境隽永，将词人的惜花之情表达得淋漓尽致。"知否，知否？应是绿肥红瘦"这样的名句至今仍为人们所津津乐道。

第二章

情不知所起，一往情深

李清照的才情令世人仰慕，又恰逢妙龄年岁，来李府求姻缘者甚众，多少贵族子弟求而不得。

　　李清照虽然也渴望拥有一段刻骨铭心的爱情，却也并不急于做出选择。而当爱情来临时，她又是那么愉快地爽快奔赴，郎才女貌，终成眷属。

尘缘暗起，
刹那便是一生

李清照虽是闺阁少女，却早已诗名在外，如此待嫁佳人，初入京师，不知要令多少贵族子弟心动。但李清照却对未来夫君的才情、人格、品性有自己的看法。

李家少女，心思明媚

初入京师的李清照，正值天真烂漫的年纪，也正赶上汴京城的繁荣时期，李清照虽然待字闺中，却并不似其他大户人家的闺阁少女一般，将身心禁锢在小小的后院，这繁华的汴京城她是一定要见识见识的，所以李清照仍旧保留了在老家经常出去游玩的习惯，经常乘坐巾车①出游，这偌大的汴京城，给了她一个更广阔的玩耍天地。

李清照与当时许多女子的爱情观与婚姻观格格不入。

古时女子婚姻多为父母包办，李清照所在的宋代，与唐时相比思想更加开放，女子的地位进一步提高，可与男子彼此相看，但在婚姻选择中却仍处于被动地位。

好在李清照有一对开明的父母，李清照自小生活无拘无束，也得益于父母的宠爱，这一点从李清照未曾裹足可见一斑，李清照并不像其他大户人家的小姐一样拥有三寸金莲，但这又有什么关系呢？李清照认为，双足本来就是用来走路的，又岂能成为他人掌上的把玩之物。在婚姻选择方面，父母更是给予了李清照充分的选择空间，李清照对自己将来的另一半要求高，需是才华、人品、性情皆佳之人，这纵然令媒婆们犯难，李清照却并不会因此降低自己的择偶标准，自己的婚姻要自己做主，未来要相守一生的那个人须得自己看得上眼，否则宁肯不嫁。对此，李清照的父亲李格非大加赞赏，认为自家女儿该有这样的志气。

---

① 用帷幔装饰、遮盖车窗的车子，古时多为大户人家的女子出门乘坐之用。

有竹堂初见，相看倾心

　　李家是苏门学士家 ①，因苏东坡爱竹，援引苏东坡的诗句"宁可食无肉，不可居无竹"，李家定居京城后，将京城中的住所命名为"有竹堂"，名流雅士经常来此做客。

　　李清照出身书香门第、世代清流，加上自身才华斐然，上门拜访、说媒者虽络绎不绝，却不曾如愿。

　　这日，有位赵家三公子来李府做客，这位公子门第高贵、样貌清秀、温文尔雅，是时任吏部侍郎的赵挺之的第三子——赵明诚。

　　赵明诚表面是来李清照家中拜访、做客，实则是赵挺之与李格非为赵明诚和李清照特意安排的一场"相亲"，让少男少女相看对方。

　　赵明诚出生于 1081 年，比李清照大三岁，赵明诚少年时便随父亲长居汴京，是汴京城里长大的世家子弟，其父为礼部侍郎，官职在李清照的父亲李格非之上，其两个哥哥也均在朝为官。赵明诚自己也十分争气，其入太学 ② 读书，是太学生里的佼佼者。在时人看来，赵明诚出身高贵、家境殷实，又是有为青年，自然是京城许多名门贵女青睐的佳婿，可他却偏偏倾心于李清照，欣赏她的美貌、才情，不愿再看其他女子。

---

① 仰慕苏轼才华、性情的文人家庭。
② 我国古代的国立最高学府。

　　初次相看，赵明诚对李清照一见倾心，李府上下也对这个家境良好、学业有成的公子哥赞赏有加，李清照却并不着急表态，谁知道赵三公子风度翩翩的皮囊下是怎样的品格和心性呢？她自然是要再考虑考虑的。

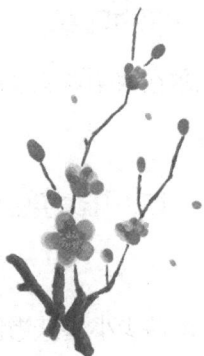

心有所定，心有所属

初次与赵明诚相见，李清照虽未明确表态，却也并不抵触，随着赵明诚来李府的次数越来越多，两人的关系也在悄然发生着变化。

金石结良缘，古玩赠佳人

李清照正值十七八岁的美好年华，她渴望一段美好的爱情，虽说自己的婚姻自己做主，但究竟和谁共度一生，还是未知数。

自正式见过李清照之后，赵明诚就经常出入李府，表面上是帮助李清照的弟弟增进功课，实则是创造与李清照见面的机会。

李清照是随心随性之人，而不是整日躲在闺房中的少女，她每天都有太多的事要做：赏花、赏月、荡秋千、与下人在院中玩耍，文人爱做的雅事和少女爱做的乐事，她都乐在其中，偶尔在家中遇到赵明诚，也并不回避，二人便闲聊几句。

赵明诚出身显贵，又是青年才俊，颇有才华与学识，几次接触之后，李清照倒也十分欣赏赵明诚。

赵明诚有文采，更爱好金石之学①，曾自评："余自少小喜从当世学士大夫访问前代金石刻词。"（《金石录》序）李清照对此也颇感兴趣，共同的兴趣爱好进一步拉近了李清照和赵明诚的距离。

在古代，男女婚前几乎不曾相见，要觅得门当户对、品学俱佳且彼此欣赏的另一半实属不易，而命运在此时却格外眷顾李清照与赵明诚，一段佳缘已然开始。

李清照与赵明诚之间有太多的共同话题，他们一起谈论诗词、书法，讨论石刻碑碣，在精神世界实现了畅通无阻的沟通，这于李清照和赵明诚来说，皆是幸事。

相传有一日，赵明诚特地带了一只梅花瓶来李府看望李清照，李清照是大户人家的小姐，胭脂水粉、钗环首饰等礼物十分常见，赵明诚以花瓶为礼物赠予李清照倒也别出心裁。不过，李清照早已见过各式各样的花瓶，又会如何看待赵明诚送的这只呢？

赵明诚为李清照细心地讲解此花瓶的特别之处，只见这只花瓶瓶

---

① 一门研究古代青铜器和石刻碑碣的学科。

身上有李清照所爱的梅花图案，再细看，瓶身上有蚯蚓走泥纹①，实属当时著名的钧窑烧制的佳品，礼物虽小，却十分用心，李清照自然十分喜欢。

家宴之后，李清照和赵明诚一同游园。月色如水，恋爱的氛围感浓郁，二人的心已然双向奔赴。

相知未得见，小别惹相思

自上次游园分别之后，赵明诚一连几日都不曾来李府，时值农历春节前后，到处都是团圆、欢乐的节日气氛，却越发烘托出李清照内心的落寞。

平日最喜热闹、最能"疯跑"的李清照不见了，取而代之的是一个整日愁绪满肠的李清照。

原来，春节前后赵明诚随父亲回老家省亲，故不能来李府再"偶遇"李清照，这次的小别将二人的关系更向前推进了一步。

自古相思苦，相互倾心后的李清照和赵明诚如热恋中的普通男女一般难舍难分，二人从相识走向相知，却突然迎来小别，李清照到底是烂漫的少女，如此愁绪难以排解，只满心期待与赵明诚能早日再见。

---

① 宋代钧瓷的重要特征之一，瓷器釉面有细纹，类似蚯蚓在泥地上爬行后留下的痕迹，需要严格把控釉料、釉层、烧造工艺才能形成，尤为难得。

诗词欣赏

点绛唇 · 蹴罢秋千

李清照

蹴罢秋千，起来慵整纤纤手。

露浓花瘦，薄汗轻衣透。

见客入来，袜刬金钗溜。

和羞走，倚门回首，却把青梅嗅。

赏　析

　　少女的心思总是很细腻、很美好。

　　这首词中，李清照描写了一位在家中恣意玩耍，却在偶然撞见家中客人时呈现娇羞之态的少女。后人猜测，词中的少女是李清照本人，而客人则是赵明诚。

　　词中描述了两个连续的故事情景，少女心思跃然纸上。

　　一个少女在自家院中荡秋千，玩得不亦乐乎，玩累了就起身揉一揉因握久了秋千绳索而有些麻木的纤纤玉手。院中花枝上长满小小的花，露水渐浓，汗水湿透了少女的衣衫，玩得十分尽兴、痛快。

　　突然，院中有客人经过，深闺少女怎么能轻易让外人瞧见呢，于是，荡秋千的少女赶忙"逃跑"回避，连鞋子都来不及穿，头上挽着发髻的金钗也快脱落了，可狼狈的少女又掩不住好奇心想要看看客人究竟是谁，于是边跑边回头瞧，为了掩饰自己"偷看客人"的小心思，回头望时假装去闻门边的青梅。

　　词中描绘的少女，正如同李清照本人一般天真烂漫、娇羞可爱又古灵精怪，怎能不令人喜爱！

两情相悦，佳偶天成

许久未见后，李清照再次听到赵明诚的消息，便是赵家送来了定婚的定帖，如此，一段佳缘尘埃落定。

赵李两姓喜结良缘

赵府的定帖到达李府几日之后，李府便有了回帖，之后，赵府便带着丰厚的聘礼送到了李府，才子配佳人，一时间，这桩轰动京城的婚事得到了亲友们的祝福。

李清照即将出嫁，良辰吉日已定，只等赵明诚前来迎娶，等待她的也一定是无限明媚的时光。

有情人终成眷属

"余建中辛巳，始归赵氏。时先君作礼部员外郎，丞相作吏部侍郎，侯年二十一，在太学作学生。"这是李清照在《金石录后序》中对自己嫁为人妇的描述。

宋徽宗建中靖国元年（1101 年），李清照与赵明诚在汴京成婚，成为赵家的儿媳。这一时期，李清照的父亲李格非在朝的官职为礼部员外郎，自己的公公赵挺之时任吏部侍郎，丈夫赵明诚正值二十一岁，在太学就读，是一名太学生。

这一年，十八岁的李清照嫁给了二十一岁的赵明诚，有情人终成眷属。

婚礼当日，赵府的迎亲队伍浩浩荡荡，直奔李府而来。

自古以来，贵族的婚姻都会受到家族的影响和干预，虽然赵明诚的父亲赵挺之与李清照的父亲李格非在朝廷中分属不同党派，但因宋徽宗继位不久，对在朝为官的不同党派均采取了温和的态度，不鼓励、不打压。因此，朝堂上的纷争并未成为李清照、赵明诚之间的阻碍。赵挺之希望交好李格非，同时笼络李家背后根系庞大的苏门学士及学子们，而李格非也看中了赵明诚的良好品性、年轻有为，所以李清照与赵明诚是得到了父辈们的支持的，二人门当户对、佳偶天成。

这院里院外，人群熙熙攘攘、热闹非凡，高门贵族的联姻更是热闹欢喜。

李清照和赵明诚的结合，不仅得到了父母的祝福，双方家庭的诸多亲友均登堂道贺。

朝廷中大小官员的到来为这场两情相悦的婚礼增添了许多热闹，诸如黄庭坚、米芾等文人能在这场婚礼上齐聚一堂，实属难得。

只不过，今日的李清照哪里顾得上这些，她心里大抵只有新婚的兴奋以及对未来幸福生活的向往。

诗词欣赏

渔家傲 · 雪里已知春信至

李清照

雪里已知春信至，寒梅点缀琼枝腻。

香脸半开娇旖旎，当庭际，玉人浴出新妆洗。

造化可能偏有意，故教明月玲珑地。

共赏金尊沈绿蚁，莫辞醉，此花不与群花比。

赏　析

　　这是一首咏梅词，上阕写梅开，下阕写赏梅。

　　在世人眼中，冬日里，百花凋零，唯有梅花傲骨绽放，体现了梅花的刚毅品格，因此古往今来文人多爱梅花。此外，梅花多在冬春之交绽放，这就意味着寒冷的冬天即将过去，生机勃勃的春天就要到来了，能给人带来生机和希望。

　　梅花是李清照所爱之花，在这首词中，李清照用白描的手法为读者呈现出一幅唯美的梅花图，具体赏析如下。

　　词的上阕，李清照在开篇先是认可了梅花是"报春之花"，然后描述了朵朵梅花点缀洁白冰雪世界的美好景象，娇艳的梅花含苞半开，如娇羞的少女，又如刚出浴的美人。

　　词的下阕，李清照在月下赏梅有感，她说，大自然和她一样爱梅花，还特意让如银的洁白月光洒在梅花上、撒在庭院中，更衬托出梅花美得如梦如幻，面对如此美景，最宜一边饮酒一边赏梅，如能一醉方休再自在不过，就如同这梅花，美得不可方物，将其他花都比了下去，也不必与其他花相比，即便独自绽放也未尝不可。

　　这首咏梅词，赞美的是梅，也是李清照的一种自我心理暗示，她知道自己的美（不仅指美貌，更指品格、性情），也欣赏自己的美，无意与其他文人、女子相比，自得其乐、悦纳自己，甚好。

云鬓斜簪，新婚燕尔

十八九岁的年纪，真是如花一般的年纪，李清照嫁于赵明诚之后，度过了她一生中最快乐的一段时光。

悠闲自在的贵门少妇

李清照与赵明诚新婚时期，赵明诚还是太学里的太学生，每日照常要去太学学习功课。

平日里，赵明诚去太学求学，李清照在家也并不无聊，偌大的赵府有太多的好去处让她打发时间，满园的鲜花、参天的古木、如水的月色、琳琅满目的字画古玩，这些都是她所钟爱的，不必担心柴米油盐，也不必过多地理会大户人家的繁文缛节，整日沉浸在这些美好的事物中，倒也轻松自如。

午后或傍晚，赵明诚从太学归来，李清照夫妻二人共同探讨金石之学，把酒赏月，如神仙眷侣般悠闲自在。

放纵恣肆的甜蜜生活

虽然已经嫁入赵府，成为赵府儿媳，但李清照还是原来的李清照，她在赵府也丝毫不拘束。

自小便随心随性惯了的李清照注定不会成为笼中雀，她要过的是放纵恣肆的生活。

达官显贵家的女眷向来不爱出门，李清照偏是个例外。

李清照时不时会乘车去街市上走一走、逛一逛，去寻觅字画、美食、美酒，也会在卖花担上买一支精美的发簪，满心期待让丈夫看自己带着发簪的模样，却担心会不会花比人好看，于是特意将发簪插入云鬓，紧贴着脸庞，当真要叫丈夫看一看、比一比，到底谁更美（"卖花担上，买得一枝春欲放……云鬓斜簪。徒要教郎比并看。"选自《减字木兰花·卖花担上》）。赵明诚也爱极了这位自在、貌美、有才华的娘子，二人婚后的生活如胶似漆。

李清照的率真、随性、俏皮是古代官宦女子少有的，也正是这些弥足珍贵的洒脱心性让她能不为世事所扰，全身心地沉浸在享受自然、享受诗词、享受赏析字画与石刻碑碣的甜蜜生活中，像一朵生机勃勃的花恣意地绽放着。

诗词欣赏

丑奴儿·晚来一阵风兼雨

李清照

晚来一阵风兼雨，洗尽炎光。

理罢笙簧，却对菱花淡淡妆。

绛绡缕薄冰肌莹，雪腻酥香。

笑语檀郎：今夜纱厨枕簟凉。

赏　析

　　李清照自幼便是性情洒脱之人，在古时，能拥有这样的心性尤其难得，即便是婚后，李清照也并未有高门贵妇的压迫感，依然保持了一份自在心性。

　　这首词是李清照新婚后不久的词作，生动描绘了一对欢喜夫妻之间的有趣日常。

　　傍晚时分，刮了一阵风，下了一场雨，一整天的闷热一下子就消散掉了，天气凉爽，心情也舒畅。少妇颇有雅兴，吹奏了一会儿笙簧后，开始对镜梳妆。

　　穿上轻薄的丝质纱衣，雪白的肌肤若隐若现，少妇回头对晚归的丈夫说，今晚的竹席真是凉爽呢。

　　关于这首词，有人说李清照写的是自己与丈夫赵明诚之间的日常纪实，也有人说这是李清照故意填了这首词来打趣有些木讷的赵明诚。

李清照作为一位奇女子，身边总会有各种各样的声音出现，一如这首词，有人评该词语言清丽、俏皮、创新，有人评该词立意不妥，是挑战礼教之作。但在熟悉李清照性情的人看来，这首词只不过是新婚后的李清照一时兴起，填词描绘了恩爱夫妻之间的一件日常趣事，大可不必过度解读。

第三章

人间别离苦，柔情愁断肠

独倚危楼，空盼着月满西楼；兰舟赏景，唯梦着云中锦书；花间饮酒，却道是人比黄花瘦。叹人间别离苦，纵是万缕情丝，却无人倾诉。踏遍旧日携手处，不知归期，重逢无法，只道情浓。

雁字回时，不知红豆发了几支；笔墨耗尽，可能写出这百转千回的相思？

霎儿风雨，
世事起伏无常

赌书泼茶，围炉煮酒，日子平淡如水，又透着点点柔情。生活本就是一面烟火，一面尘埃，恨别离与长相思皆是这风月人间的欲说还休。

一朝风起，繁花落尽

才子佳人的故事从来难得，而故事的结尾却又常常是相思梦断，孤枕难眠，一句前尘旧事载着多少离愁。李清照与赵明诚无疑是幸运的。他们在纷繁的红尘里相遇，辗转千里终得执手相伴，共看汴京城

里的蒙蒙烟雨。他们是世人眼中的神仙眷侣，拥有话本里描摹不出的
旖旎。

只叹世事难料，风雨潇潇。天边的月尚有阴晴圆缺，而人间从来
疾苦，曾经的笙歌醉梦不过是一晌贪欢。

公元1102年，宋徽宗改年号为崇宁，重新启用蔡京。党争如同
压城的黑云笼罩着北宋政坛，没有人能够独善其身。李格非是苏轼的
门生，平日里又与晁补之、张耒等人交好，自然成了新党的打压对
象。据《宋史·李格非传》所载，李格非因是"元祐党人"而被罢黜
离京，此生再未回京做官。

蔡京为了打击旧党，在端礼门立"元祐党人碑"，将司马光、苏
轼等"元祐党人"的"罪行"刻于碑上，以警世人，李格非的名字，
赫然在列。李清照便是如此猝不及防地从名动京师的才女变成了罪臣
之女。

炙手可热，人心难测

与狼狈的李格非不同，赵挺之扶摇直上，官升尚书左丞、门下侍
郎，春风得意，风光无限。赵、李两家本是门当户对，赵明诚与李清
照的婚姻也曾是一桩美谈。如今却是物是人非，不堪回首。

为了父亲的前途、家族的荣耀，李清照只能去求公公赵挺之，希
望他可以为父亲说情。赵挺之却对此事三缄其口，避而不谈。从赵挺

之闪躲的眼神中，李清照读到了人心的凉薄。她不再多言，唯叹一句"炙手可热心可寒"。

昔年，杜甫以一句"炙手可热势绝伦，慎莫近前丞相嗔"来讽刺杨国忠滔天的权势和嚣张的气焰。而如今，李清照将这句"炙手可热心可寒"用在了自己的公公赵挺之身上，足以见得李清照的愤怒和对赵挺之的不满。

李清照从来骄傲，她有着"此花不与群花比"的才华与自信，是大宋文坛里独树一帜的傲雪红梅。纵是寒风凛冽、漫山孤寂，也不曾折了嶙嶙傲骨，沉沦于世俗。正因如此，她敢于直接表达自己的情感，宣泄心中的愤懑。李清照不是困于深闺的小儿女，即使嫁为人妇，她也依然坚守自我，不曾失去本心。

然而李清照的骄傲却刺痛了赵明诚，她的那句"炙手可热心可寒"不仅攻击了自己的公公，也让丈夫难堪。赵明诚能够感受到李清照的愁苦，却无法为她排解，即使赵明诚亲自去向父亲求情，赵挺之依然不为所动。李清照身在赵府，却无法感受到家的温暖。但父亲已携家眷离京，李清照也只能继续忍耐下去。

生活从来如此，有顺风，便有逆风。人生在世，既有幸觅得良人，便要相携老去，共赴白首。即使不曾有轰轰烈烈的故事，也能用岁岁年年的相守填满心房。暮年回首，方觉不负情深。

世事变幻莫测，往往让人难以预料，旦夕祸福往往只在一瞬之间。与其期盼来日方长，不如珍惜眼前的时光。尘世纷扰，与其为意外担忧，不如顺其自然，淡然处之，从容而行。

诗词欣赏

玉楼春·红酥肯放琼苞碎

李清照

红酥肯放琼苞碎，探著南枝开遍未。

不知酝藉几多香，但见包藏无限意。

道人憔悴春窗底，闷损阑干愁不倚。

要来小酌便来休，未必明朝风不起。

赏　析

这是一首咏梅词。"红酥"即红梅，"琼苞"是梅蕊，李清照仅用一句"红酥肯放琼苞碎"就写出梅花含苞欲放的状态，可见其才情之高。

"酝藉"有蕴藏之意，与后句的"包藏"相呼应。"几多香"与"无限意"相对，既写出了梅香，也写出了梅韵。

词的下阕由写景转入抒情。用"憔悴""闷损"等字眼写出了词人的愁苦。结合这首词的创作背景，此时父亲李格非被贬，李清照受到党争的波及，心中烦闷，面容也愈发憔悴。

"未必明朝风不起"之句一语双关。风起后必定将初开的梅花吹落枝头，这一句里包含着对梅的爱惜。同时，"风起"也可指朝堂中的风云变幻，这里蕴藏着词人对未来的担忧和对动荡时局的哀叹。

凄凉离京，天各一方

因为父亲被贬，李清照不再有吟风弄月、饮酒取乐的兴致，逐渐消沉，家庭的矛盾也为李清照的生活带来了很多烦恼。这时的李清照才意识到，她已不再是那个泛舟藕花深处、无忧无虑的少女了。

"屋漏偏逢连夜雨，船迟又遇打头风。"朝廷对元祐党人的打击愈发变本加厉。公元1104年，宋徽宗下诏，"尚书省勘会党人子弟，不问有官无官，并令在外居住，不得擅到阙下。"无奈之下，李清照决定暂时归家，回到章丘明水，与家人团聚。

分别在即，李清照与赵明诚才体会到相守的不易。回想过往种种，方觉流光易逝，空耗春秋。到如今，相隔千里，归期不定，不知何日才能共剪西窗烛。

窗前的明月不懂离别的愁苦，纵是万般不舍，李清照也只能踏上孤舟，独自前行。

花开花落自有时，万事万物皆有缘法，强求不得。世人多愿长相聚、长相守，却不知世事多变，别离往往近在眼前。曾经的"才子佳人，千古绝唱"也会被现实的枷锁束缚，两地分隔，梦断愁肠。

天涯有岸，相思无尽。李清照与赵明诚相隔千里，只能通过书信往来，但纸上的寥寥数语却说不尽相思之苦。李清照便将千丝万缕的情意化作诗句，常常写诗来排解愁苦。

"一种相思，两处闲愁。"在无数个辗转难眠的夜里，分隔两地的李清照与赵明诚共看同一轮明月，孤影难成双。桌案前的书信逐渐增多，时光便在期盼重逢的日子里偷偷溜走了。

浮生若梦，人世娑婆，经书上说的因果可有人参破？世人焚香拜佛，求着死生契阔，却不知岁月斑驳，花开易落。别离的苦在日复一日的思念中酝酿成醇厚的烈酒，化作红笺也载不动的愁肠万种。独上高楼的人对月遥寄相思，不知汴京城里是否绿波依旧。

诗词欣赏

一剪梅·红藕香残玉簟秋

李清照

红藕香残玉簟秋，轻解罗裳，独上兰舟。

云中谁寄锦书来？雁字回时，月满西楼。

花自飘零水自流，一种相思，两处闲愁。

此情无计可消除，才下眉头，却上心头。

赏　析

　　这首词写于李清照与赵明诚分别后，是一首寄托相思的词，也是一首将别离之苦写得极美的词，是李清照的经典词作之一。

　　首句点明季节。初秋时节，荷花凋零，尚有幽香残留，躺在竹席上已能感受到丝丝凉意。

　　在上阕词中，词人用了雁与月两个极为经典的意象来表达相思之情。词人登上小舟，看天边大雁在云中穿行，不禁想到了远方的丈夫。中国古代有"鸿雁传书"之说，词人便用大雁寄托相思之情。圆月象征着团圆，"月满西楼"写出了词人对团圆的期盼。

　　下阕紧接着用"一种相思，两处闲愁"写出了词人与丈夫分隔两地的愁苦。两个相爱的人彼此思念，却无法相见，只能各自哀愁。而这份思念之苦实在过于浓厚，挥之不去，无法消除。词人用"才下"与"却上"两字写出了愁苦之深，也体现了思念的绵长。

瘦比黄花，
岁月悠悠催人老

西风紧，落叶满阶，菊花在凉风中烂漫。心头的惦念从盛夏蔓延至深秋，开口便是别愁。醉卧花阴，静守流年，任月落乌啼，疾风骤起，在日渐枯萎的岁月里盼着重温旧梦。

清秋归故里

堂前初开的菊，远处高耸的山，破晓时熹微的晨光，暮色下散落的流云……故乡熟悉的景色化解了李清照一路奔波的劳苦，也让她一直以来紧绷的神经得以放松。

李格非已经决心远离官场，所以在回到故土之后过得十分清闲，而这样慢节奏的生活恰恰抚慰了李清照疲惫不堪的心。

京城里激烈的党争、家庭中激化的矛盾都已远去，在章丘明水，李清照收获了一枕清风。她寄情山水，东篱把酒，与三两好友对弈，就着月光填词。这样的李清照像极了她的名字，"倚南窗以寄傲，审容膝之易安。"在故乡的清风明月里，李清照逐渐找回了自己。

佳节醉花阴

李清照终究不再是那个无忧无虑的少女了，即使身在章丘，她的牵挂依然在汴京。

长久的分别让她无比想念丈夫赵明诚。于是，她将思念寄托于传书的鸿雁，使赵明诚可以感知到。幸运的是，即使相隔千里，赵明诚的爱意也不曾间断。李清照与赵明诚用行动将爱情绵延为细水长流的相守，纵使相逢无期，心也不曾分离。

李清照有时会在信中附上自己新作的一首小词，赵明诚收到后，不仅会进行品评，还会写词相和，试图"超越"李清照。即便如此仍难解相思之苦，相隔两地的愁苦不断加深，折磨着在爱情中痴缠的二人。

牛郎织女尚有一期一会，李清照与赵明诚的重逢却不知在何时。时节更替，光阴流转，唯有情意不变。为了打发时光，李清照只能将无限的愁苦寄于诗书之中。然而，三两笔墨，写不尽离愁；六七唱词，话不完相思。情到深处，无关风月。纵使有豆蔻词工，也难逃红尘纷扰，仿佛一切都是徒劳。

岁月悠悠，山河已秋。院中的菊花开得正盛，硕大的花朵娇美艳丽，一片金黄。在昏沉的日落里，李清照对菊饮酒，在阵阵花香中沉醉，将自己的一点点闲愁化入酒中，却道："帘卷西风，人比黄花瘦。"

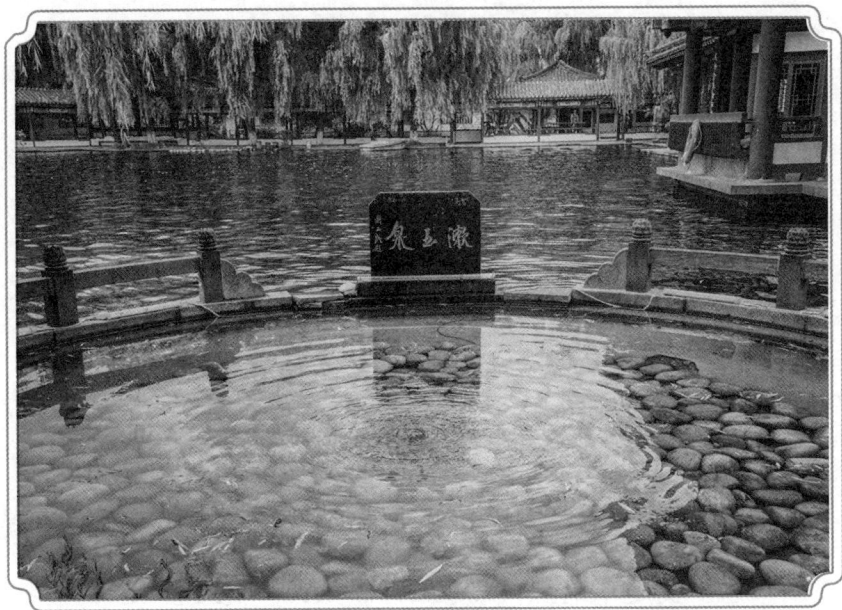

李清照故乡漱玉泉畔

诗词欣赏

醉花阴·薄雾浓云愁永昼

李清照

薄雾浓云愁永昼，瑞脑消金兽。

佳节又重阳，玉枕纱厨，半夜凉初透。

东篱把酒黄昏后，有暗香盈袖。

莫道不消魂，帘卷西风，人比黄花瘦。

赏　析

这首词作于重阳节，抒发了词人独自过节的惆怅之情。

瑞脑即龙脑，金兽为香炉。"烧香点茶，挂画插花"是宋代文人雅士的日常爱好。龙脑香清凉自然，焚之可安神醒脑。但即便是清香的龙脑香，也不能解词人的愁思。

秋风渐起，天气转凉。词人饮酒赏菊，身上也沾了淡淡菊香。"东篱把酒"化用了陶渊明《饮酒》中的一句"采菊东篱下，悠然见南山。"用以指代重阳采菊。

然而酒入愁肠，相思难解。词人便如同寒风中逐渐凋零的秋菊那般，日渐消瘦。词人将人与菊花相比，看似夸张，却恰到好处地写出了人的消瘦，是绝妙之笔。

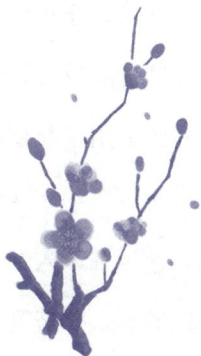

欢喜归来，
著意过今春

公元 1106 年，久居故乡的李清照终于等来了柳暗花明的机会。这一年，蔡京被贬谪，元祐党人碑被毁，赵挺之成了宰相。宋徽宗决定大赦天下，李清照也能够回京与赵明诚团聚了。

久别重逢，夫妻二人将积攒了许久的相思缓缓倾诉，望着彼此炙热而浓烈的眼神，泪水从眼眶中溢出。"金风玉露一相逢，便胜却人间无数。"此刻虽不是七夕，却胜过七夕。因为彼此相守的每一个日子，都是如梦的佳期。

似乎一切都在向好的方向发展。赵氏一族因赵挺之官拜宰相一时风光无两，府中门庭若市，宴饮不断。看着赵府里熟悉的景色，李清照感慨良多。纵然经历风雨，夫妻二人的感情却更加坚定。从此无惧岁月悠长，风云变化，在平凡的日子里相知相守，共度余生。

早春时节，红梅初开，清浅的梅香在空气中晕染开来。李清照在暗香疏影中漫步，得了一阕小词。"花影压重门。疏帘铺淡月，好黄昏。二年三度负东君。归来也，著意过今春。"李清照只用了寥寥数语便勾勒出了一派盎然春意。

李清照与赵明诚经历了太久的分别，此番重逢，便是胜却人间无数的欣喜。李清照从不掩饰自己的情绪，她的喜，她的怒，都被笔下的词句记录着。这样率真坦然的喜悦，赵明诚怎会不知。在错过了两年的春日后，李清照和赵明诚终于可以安心品味春日的美好了。

春日的汴京城里还吹着微凉的风，李清照与赵明诚走在河堤上，看清风拂柳，青草绵绵。解冻的春水再次荡漾起微波，岸边执手的一对璧人也展开了笑颜。

日光柔和，万物生辉，似乎一切都在向好的方向发展。春风为汴京城增添了一些明媚，人们沉醉在复苏的暖意里，渐渐忘却了凛冬的寒霜。

第四章
携手隐青州，共度流年

政局风云变幻，让人身不由己。随着赵明诚父亲的离世，李清照夫妇二人被迫卷入政治漩涡中，只好离开汴京，开启屏居青州的生活。

青州生活虽然轻简，但是李清照心思婉转，可以将简单的日子过得如诗一般。她与丈夫志趣相投，共同完成了《金石录》，闲时与丈夫赌书泼茶，自得其乐。

多年以后，回首往事，那些"当时只道是寻常"的日子，却是李清照一生中难得的幸福时光。

屏居青州，
凉风秋月两相知

　　一入仕途深似海，政坛变幻莫测，今日还高高在上，一人之下，万人之上，明日可能就锒铛入狱，成为阶下囚。李、赵两家身在政坛，处于风云之中，兴时众人相捧，衰时无人问津，所去归处，往往身不由己。

风云骤变离汴京

　　赵明诚的父亲赵挺之与蔡京共同打击"元祐党人"，获得皇帝赏识，一路升官加爵。然而高处不胜寒，赵挺之与蔡京这对昔日的朋党渐渐开始你争我斗。大观元年（1107年）初，蔡京复相，联合朝廷大臣对赵挺之展开攻击，是年三月，赵挺之右仆射之职被罢免，五天之后，于家中病逝。

赵挺之之死并未让蔡京停止报复，他以受贿的罪名诬陷赵家，赵明诚被捕入狱，虽然后来因为证据不足得以出狱，但是不能继续留在汴京。

经历了这些大起大落，李清照与赵明诚决定离开汴京这个是非之地，他们一致决定回青州故里，过恬淡安稳的生活。

退居青州归来堂

李清照与赵明诚携带着收藏的文物字画从汴京回到青州，屏居乡里。远离了朝堂，二人就可以发展自己真正的兴趣爱好了，两人醉心于文物收集与著书，日子虽然过得清淡，但也十分充实。

北宋文学家晁补之被罢官后，希望能够像陶渊明那样闲居田园，于是在故乡缗城建"归去来园"。这些年李清照经历了世事浮沉，对很多事都看得淡了，远离了政治中心，在屏居青州的日子里，她的内心享受着当下的平淡时光，她赞赏晁补之的做法，于是将书房命名为"归来堂"。李清照喜欢陶渊明所作《归去来兮辞》中的两句"倚南窗以寄傲，审容膝之易安"，并取其中"易安"二字，自号为"易安居士"，并将卧室命名为"易安居"。

山东省青州古城李清照纪念祠

意会神合，情趣相投

塞翁失马，焉知非福。赵明诚与李清照二人屏居青州十年，虽然是赵明诚仕途灰暗的十年，生活也并不富裕，但是二人情趣相投，琴瑟相合，平平淡淡的生活"当时只道是寻常"，日后回想起来，却是最幸福、最悠然自得的十年快乐时光。

夫妇齐心集古物

赵明诚远离朝堂后，重拾过去爱好，潜心搜集研究金石书画。李清照与赵明诚志趣相投，因此二人一起节衣缩食，余钱均用来购置古书、名画或彝鼎金石等物。二人购得古书后，会一同校勘、鉴赏，李清照在这方面颇有天赋，并得到赵明诚的极力赞赏。从此，二人的空闲时光便多陪伴这些金石、古书度过。

青州作为古齐国的腹地，时常出土一些古文物，李清照、赵明诚二人在当地搜集到大量石刻资料，包括《东魏张烈碑》《大云寺禅院碑》等。

清照相助，金石录初成

大宋政和七年（1117 年），赵明诚初步完成了《金石录》的写作，这部书凝聚了赵明诚和李清照多年的心血。二人隐居青州期间，终日以金石书画为伴，这为赵明诚撰写《金石录》提供了大量的素材，李清照在丈夫撰写《金石录》期间，为其提供了很多帮助，并对《金石录》进行了整理。

赵明诚为《金石录》自作了序言，并请当时的著名学者刘跂题写《后序》。此时，《金石录》只是初步完成，还有很多编校、整理工作需要完成。多年以后李清照还写过一篇《金石录后序》，详细记载了他们收集文物的艰难以及多年后文物逐渐散失的过程。

赌书泼茶是寻常

李清照在《金石录后序》中曾记载她与丈夫饭后闲时赌书的事情，颇有情趣。

李清照夫妇二人均喜茶，常常在饭后煮上一壶香茶。李清照自恃记忆力超群，便与丈夫玩起了赌书的游戏，赌注便是茶。一人根据面前堆积的史书，说出某个事件，对方猜测该事件记录在哪本书的哪一卷和哪一页，胜者即可先饮茶。二人玩得兴致高昂，赢的人常常太过欢喜，未将茶送到嘴里，却洒到了身上。

生活本平淡，心思灵动的李清照却将平平淡淡的生活过得充满情趣和乐趣，受到众多文人雅士的赞颂，清代词人纳兰性德曾在《浣沙溪》中以"赌书泼茶"之事类比自己和亡妻之间的深厚情感，他写道："赌书消得泼茶香，当时只道是寻常。"

多年以后，李清照回想起自己与赵明诚的十年青州时光，也许也曾不禁感慨，当年的寻常生活竟是难能可贵的幸福时光。

横扫词坛，
自是花中第一流

屏居青州的日子里，李清照的生活简约却充满情趣，她可以尽情地做自己喜欢的事情。在这期间她不仅写了多首流传千古的词句，还写出了轰动一时的词论。

清丽其词，端庄其品

桂树常生长于高山之上，开花时节，香气袭人，桂树的花形状小，颜色淡，但是香味悠远，这正像隐居青州的李清照，因此桂花颇得她的喜爱，她曾写过《摊破浣溪沙》《鹧鸪天·桂花》等多首词来赞美桂花，称其"风度精神如彦辅""自是花中第一流"。

李清照在词坛中颇负盛名，她的词清丽婉约，在赵明诚眼中，爱妻李清照就如桂花一般"自是花中第一流"。大宋政和四年（1114年）秋，即李清照夫妇屏居青州的第八年，恰逢李清照生辰，赵明诚为爱妻画像一幅，并题词："易安居士三十一岁之照。清丽其词，端庄其品，归去来兮，真堪偕隐。政和甲午新秋，德父题于归来堂。"彼时，夫妇二人恩爱有加，爱人的赞美、生活的美好，都让李清照感到欣喜和满足。

专心钻研，始出词论

赵明诚醉心于金石，李清照尽心尽力协助赵明诚，然而李清照的最爱仍是词。在元祐年间，晁补之曾写过一篇词评《评本朝乐章》，这篇评论用"横放杰出"肯定了苏轼的词不受音律束缚，同时认为作词要讲究当行本色。李清照读了这篇词评，受到启发，于是在闲暇之余，专心研究，并完成了《词论》的著写（李清照当时并未给文章命名，《词论》之名乃是后人所加）。

李清照见解独到，她在《词论》中品评了各大词家，她对待学问和词作只是求真，不因一些词家有名而不敢点评。

在《词论》中，李清照首先用"虽谐音律，而词语尘下"来批评柳永写词过于风尘，不够高雅。

接着，说到一些词家，如张先、宋祁、沈唐等，虽然时有妙语，但构思不够完整，不足以称为名家。

然后，李清照指出最负盛名的词家的一些问题，如欧阳修、苏轼等，她指出词是为了唱的，如果音律不协调，就只适合念，不适合唱，李清照认为词应具备平仄、声韵、音律等文体性特点。

最后，关于如何创作词，李清照还提出了自己的见解，她认为词作为演唱的载体，须与诗、文分开，应崇尚文雅，配合音律，词的创作达到严格的音律要求才能唱得好听。

李清照写完《词论》，将其送至晁补之手中，晁补之阅后，对其赞赏有加，并将《词论》与《评本朝乐章》珍藏在一起。

李清照花了大量时间去研究词的写作，在作词上异常考究，她本就有天赋，再加上多年的钻研和思考，终于让她能够横扫词坛，成为"花中第一流"的女词人。

诗词欣赏

鹧鸪天·桂花

李清照

暗淡轻黄体性柔，情疏迹远只香留。

何须浅碧轻红色，自是花中第一流。

梅定妒，菊应羞，画阑开处冠中秋。

骚人可煞无情思，何事当年不见收。

赏 析

　　李清照写过大量咏物词，这是其中一首咏桂花的词，写于李清照与夫君屏居青州之时。退隐青州的日子里，没有了朝堂的纷争，没有了官场的钩心斗角，夫君全心全意陪伴左右，共同研讨金石书画，赏花弄月，这些于李清照而言，实是平和、快乐、简单的美好，这首词便是在此背景下创作而成。

　　词的上阕描述了桂花的独特韵味：淡黄色的桂花柔美地开放，它情怀疏淡，开在远迹深山，香味却洒满人间。桂花虽没有艳丽的光泽，亦没有娇媚的颜色，但是它温柔娴静，像一位娇羞的少女，默默地开放，亦像一位隐居深山的雅士，以高尚的德行感染世人。上阕前两句咏物，后两句转为议论。通常人们以花开艳丽或色泽稀有为贵，这二者桂花均不具备，李清照使用"何须"二字，将普遍认为的名花一笔荡开，突出了桂花外在低调、品性高远的优秀品质，赞誉桂花为"花中第一流"。

词的下阕进一步展开议论，中秋时节，桂花香气宜人且应时而开，这定会让傲雪盛开的梅花妒忌，让秀丽淡雅的菊花因开花迟而羞愧。桂花在一众名花面前不愧为中秋时节花之冠首。最后李清照感叹，屈原在《离骚》中以各种花草来比喻君子，却没有提到桂花，真是情思不足，实在令人遗憾。

此词使用咏物与议论相结合的手法，以多种花做对比，突出了桂花"情疏迹远"而又香气芬芳的内在品质，表现了李清照对桂花的欣赏和赞美，体现了李清照独特的审美观点。

再次别离，独抱浓愁

在那个封建年代，社会赋予男人和女人的角色使命显然不同。在屏居青州的时光里，李清照安于悠闲的生活，但是在赵明诚心中始终无法放弃他的仕途。

明诚赴任再别离

宋徽宗政和年间，朝廷的政局发生了一些变化，皇帝恢复了赵挺之被追夺的司徒之职，赵明诚的兄长重新走上仕途，这意味着赵明诚的机会来了，也意味着李清照要再次和丈夫别离。宋徽宗重和元年（1118 年），赵明诚离开了青州，重返京城，而李清照仍留在青州。

宋徽宗宣和二年（1120 年），赵明诚终于迎来了自己的任职诏书，他将前往莱州任太守一职。

李清照不求大富大贵，甘于在青州过平淡的生活，可是她爱丈夫，就不得不尊重丈夫的理想和选择，二人只能再次别离，李清照虽然不愿，却也无力改变。

寂寞填词述离愁

赵明诚到莱州上任，独留李清照在青州，昔日热闹的庭院楼阁如今处处冷冷清清。

赵明诚离开的日子里，李清照对什么都提不起兴趣，早上起来不想梳妆，被子胡乱地皱在一起不想叠，香炉冷了无心添香，梳妆盒上布满了灰尘无心打理，太阳已经照到帘钩了，却什么都不想做，赵明诚走了，仿佛把李清照的心也带走了，一个没有心的人，怎么还有兴致去做那些呢？

赵明诚在青州时，李清照帮忙收集金石文物、古书等，与丈夫共同勘校，却无暇写词，如今爱人已走，李清照只好靠填词打发时光，她写了一首又一首的词来表达自己的离愁别绪，排解自己的孤独寂寞，诉说着自己的苦闷。

"为君欲去更凭栏，人意不如山色好"写尽李清照的思念，"休休，这回去也，千万遍阳关，也则难留"述说着李清照的无奈，"人何处，连天衰草，望断归来路"诉说着李清照的期盼，她把她的落寞、期盼与思念统统写入词句中，正是这些词句陪伴着她度过了那些凄凉、苦苦等待的岁月。

诗词欣赏

凤凰台上忆吹箫·香冷金猊

李清照

香冷金猊，被翻红浪，起来慵自梳头。

任宝奁尘满，日上帘钩。

生怕离怀别苦，多少事、欲说还休。

新来瘦，非干病酒，不是悲秋。

休休，这回去也，千万遍《阳关》，也则难留。

念武陵人远，烟锁秦楼。

惟有楼前流水，应念我、终日凝眸。

凝眸处，从今又添，一段新愁。

赏　析

　　幸福的时光总是短暂的，李清照愿意过平淡的生活，但是赵明诚仍想要在仕途上一展宏图，实现自己心中的抱负和理想，终于机会来临，赵明诚赴莱州上任，李清照不得不再一次与爱人别离，孤独落寞的她写下了这首《凤凰台上忆吹箫·香冷金猊》来表达自己的离愁别绪。

　　词的上片用寥寥几笔，将李清照的慵懒、落寞刻画得淋漓尽致，字里行间透露出她低落的心情。接下来，词人使用"生怕离怀别苦"来点题，最怕离别，纵有万般不舍，话到嘴边，却无法说出，这更加体现了作者的离别愁苦之情。然后，作者写道，最近瘦了，不是因为"病酒"，也不是因为"悲秋"，作者虽然没说是因为什么，可是原因已经不言而喻了。

　　词的上片描写李清照与丈夫离别前的情

景，而下片直接略过离别时的伤感，转而描写离别后的场景。下片一开场，就将词人的苦闷推向高潮，吟唱千万遍《阳关》，也无法将爱人挽留。词的后半段使用顶真格，各句之间衔接紧密、节奏快速，这里借用两个典故，使用"武陵人"来指代丈夫，使用"秦楼"来指代他们的居所。作者想着心爱的人已经远去，只有烟雾萦绕在寂寞的高楼，如今只能日日凝视着楼前流水，这终日注视处，从今以后，又添一段新的烦恼。整个场景透露出作者孤独、愁苦的心境，句句都透露出浓浓的离愁伤感。

整首词描写了作者与爱人的离别相思之情，情感步步深入，层次分明，字里行间流露出作者惆怅的情绪，读完仿佛能听到作者深深的叹息。

似水流年，风过无痕

　　快乐的时光总是短暂的，孤独的岁月却仿佛永无尽头。在一个个孤寂的深夜、一个个飘雨的日子里，伤感总是不自觉地涌上心头，让人倍感凄凉。

独守庭院空寂寥

　　昔日，赵明诚在青州时，庭院中充满了欢声笑语，如今偌大的一个庭院，只有李清照在其中，甚是冷清。平日里还好，遇到刮风下雨的天气，只能关上门，放下帘子，本就萧条的庭院此时更显幽暗、寒冷，让李清照更添落寞之感。

在淅淅沥沥的雨天，李清照百无聊赖，只能以填词饮酒打发时光，酒醒之后，感受到的却是一种空落落的"闲滋味"，她想通过睡觉来排解内心的苦闷，将无处排解的忧思诉诸梦境，可谁知，这小小的愿望都无法完成，刚刚入梦的她被现实的寒冷无情地拽回，只能在床上辗转难眠。

雨中庭院寂寥，但是雨后的庭院却生机勃勃，寒食节前后，虽尚有寒意，但娇花欲开，梧桐引新芽，一切似乎都充满了希望。李清照的期盼是否也如这春光般充满希望呢？但愿如此吧，如果雨后天晴，那就春游一番以消愁丝。

一边欢喜一边忧

在与丈夫两地分居的日子里，李清照日日思念着丈夫，无事时她靠填词打发时光，词句中常常充满了思念与期待。赵明诚踏入仕途，每日里都有忙不完的公务，虽然闲时他也会想念妻子，但是他对妻子的思念自然比不上妻子对他那般浓厚。这不禁让身处远方的李清照内心更加担忧，她担心距离会让二人之间的情感产生距离和隔阂。

宋徽宗宣和三年（1121 年），李清照终于盼来了赵明诚的消息，丈夫要接她去莱州相聚，日日期盼的这一天终于要到来了，李清照满心欢喜的同时，内心也充满了忐忑，她不知道莱州的生活是否也如青州般顺意。

此去莱州，不知道什么时候才能再次回来。动身前往莱州的那一天，朋友们前来相送，她们哭花了妆容，泪水打湿了衣衫，《阳关》曲唱了一遍又一遍，还是难舍难分。朋友们千叮咛，万嘱咐，祝福的话说了一遍又一遍，杯里的酒干了一杯又一杯，李清照也感伤起来，不仅因为惜别，还因为未卜的前程。

送君千里，终有一别，李清照只能擦干泪水，向着莱州的方向走去，朋友们却迟迟不愿离去，她们望着李清照的背影，直到她消失在远山。

李清照将与好友的离别之情诉诸《蝶恋花》，写道："好把音书凭过雁，东莱不似蓬莱远"。

乌有先生子虚子

当年在青州之时，李清照与赵明诚喜欢收藏金石书画，这些东西足足占了十几间屋子，然而李清照来到莱州进到房间，金石书画都没看到，只看到一派"寒窗败几无书史"的凄冷景象。人们为了功名利禄，不得不卷入各种纷杂的俗事，赵明诚亦不能免俗。

分居几年再次相见，赵明诚不能像从前那般常常守在李清照身旁，他如今是朝廷命官，终日里琐事缠身，不得不将大部分的时间用于处理公务，这与在青州时的境况截然不同，也让本以为团聚就能一切如初的李清照不时感到孤独。

李清照只好继续以诗词打发时间，于是闭门谢客，在房间里燃上一炉香，书写诗词，偶得佳句便是她最大的欢愉。李清照在《感怀》中还调侃道，她结交了乌有先生和子虚先生两个至交好友，这样也无须丈夫的陪伴了。

情投意合拾温情

李清照的《感怀》打动了赵明诚，长久不见，李清照的容颜虽渐老去，但是才华却愈来愈出众。李清照对学问的坚持也唤醒了赵明诚，当官或能功成一世，学问的建树却可让世世代代后人受益，功成千秋。于是他再次开启金石之学，每天忙完公务，便与李清照一起校勘诗书，夫妇二人又过起了琴瑟和鸣、岁月静好的生活。

赵明诚三年任期满后，调到了淄州担任知州。一次，赵明诚去探访当地居民，一个村民看赵明诚是读书人，便拿出自家收藏的白居易手书《楞严经》让赵明诚欣赏。白居易的手书十分珍贵，赵明诚见到此手书十分欣喜，得到村民允许后，他立即携书飞奔回家，与李清照一起欣赏、品鉴。

白居易是唐朝著名的诗人，他的亲笔手书十分稀有，因此能见到他的真迹实属难得，夫妇二人一边品鉴手书，一边饮茶，十分兴奋，蜡烛换了一支又一支，直到深夜也不愿睡去。

好书配好茶，二人饮的茶也十分名贵，是小龙凤团茶，这在当时是向皇帝进贡的贡品，若有大臣得此茶，也会当作传家宝珍藏起来。李清照夫妇二人不在乎身外之物，更重精神享受和生活情趣，是日难得一见白居易的手书，不在此时饮此茶，更待何时呢？

诗词欣赏

念奴娇·萧条庭院

李清照

萧条庭院，又斜风细雨，重门须闭。

宠柳娇花寒食近，种种恼人天气。

险韵诗成，扶头酒醒，别是闲滋味。

征鸿过尽，万千心事难寄。

楼上几日春寒，帘垂四面，玉阑干慵倚。

被冷香消新梦觉，不许愁人不起。

清露晨流，新桐初引，多少游春意。

日高烟敛，更看今日晴未。

赏　析

　　独居青州的日子，本就寂寞，如果再遇上恶劣的天气，着实让人愁思加倍，这首《念奴娇·萧条庭院》就是在此背景下创作而成。

　　词的上片开场即以"萧条""斜风细雨""闭"等字眼烘托出一种寂寥的氛围，临近寒食节，柳树已经泛起绿意，花儿也要开放，本应美景相对，然而却遇到这样恼人的天气。

　　李清照在上片开始以景切入，用景色来反映其内心细腻的情感，接着由景写到人，丈夫走后，心中思念万千，然而信使难逢，这些心事最终还是无法寄出，只能藏在心底。

　　上片中写道"斜风细雨，重门须闭"，词的下片用"楼上几日春寒，帘垂四面"来呼应上片，接着作者用"被冷香消新梦觉，不许愁人不起"来表现自己孤寂、相思难解、苦闷而又无可奈何的心情。

然而接下来作者没有进一步描写这种愁思，而是笔锋一转：雨后的清晨生机勃勃，作者仿佛也看到了希望，产生游春之意。这里的反转体现了李清照随性、坚强的性格特点，作者写到最后，心境也随着天气的变化而产生了变化，原来的郁闷之情忽而得到一些化解，心境也变得开阔、敞亮。

李清照的这首词寓情于景，通过描写景色来烘托她的情感，景色的变化暗喻着词人心情的起伏，从雨天写到晴天，从愁思写到轩朗，条理清晰，结构分明，别具一格。

第五章
国难与家愁，诗书作伴，沦落天涯

从宋徽宗大观元年（1107年）算起，李清照跟随丈夫赵明诚在青州、莱州、淄州等地生活长达十几年，他们琴瑟和鸣，相敬如宾，生活上互相照料，精神上无比充实。赵明诚为政一方，李清照则与丈夫一起经营着金石字画的收藏与品鉴事业，这对神仙眷侣醉心于高雅的生活情趣，他们希望这种宁静而美好的日子一直持续下去。然而现实却是如此残酷，李清照夫妇即将面临的是国破家亡的灭顶之灾！

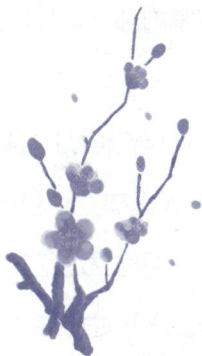

山河破碎，狼烟烽起

　　金国的异军突起使得时局越发紧张起来，战事一触即发。正所谓覆巢之下安有完卵？随着北宋王朝的岌岌可危，一代婉约词宗李清照也被迫迎来了人生的转折。

北宋式微，强敌崛起

　　北宋王朝表面的太平之下危机四伏，积贫积弱的社会局面由来已久，国家在政治、经济等各个领域都存在着严重的问题。宋朝对外一向采取忍让妥协的政策，以岁币、金帛来换取短暂的和平，北方少数民族政权的威胁让宋王朝长期处于被动局面。朝中的皇帝、士大夫对于时局的分析不够清醒，他们片面地认为治理好国家内部，对外修好就能得到长治久安，这未免过于天真。

在北宋与辽国、西夏长期对峙的同时，一支由女真族构成的势力正悄然崛起，完颜阿骨打于宋徽宗政和五年（1115 年）建立了政权，也就是金国。女真部落原本是辽国的管辖范围，金国的建立让辽国极为重视并出兵征讨，但辽国却屡屡战败。金国与辽国之间进行了长达十年的战争，终于在宋徽宗宣和七年（1125 年）以金国彻底灭亡了辽国而告终。在灭辽的过程中，北宋与金国签订了"海上之盟"（由于辽国阻隔了宋朝与金国的陆上通道，只能通过渤海航线取得联系），相约共同进攻辽国。辽国灭亡之后，北宋与金国在陆地上接壤了。

国难当头，茫然无措

毫无意外，金军趁势南下，派大将完颜宗望、完颜宗翰分东西两路大军进攻北宋，直逼都城汴京。宋徽宗见情势危急，连忙将皇帝之位禅让给太子赵桓，即宋钦宗。宋钦宗在慌乱中组织军队抵抗，汴京得以暂时保全。宋钦宗即位的第二年将年号改为靖康，靖康元年（1126 年）八月金军再次南下攻打开封。闰十一月，开封被金军占领，宋徽宗、宋钦宗被俘。靖康二年（1127 年），金人废黜宋徽宗、宋钦宗，两位皇帝连同后宫嫔妃、大臣等三千余人一同被押往金朝，北宋灭亡。

"靖康之变"给北宋王朝带来了空前的灾难，大量人民流离失所，生灵涂炭，尤其生活在宋金两国交界处的北方人民承受的不仅是家园的破碎，还有亡国的悲凉。

此时的李清照与赵明诚身在淄州，当他们听到金兵南下进攻汴京的消息时，内心十分惶恐，一时茫然无措。李清照第一时间想到的是自己与丈夫多年的收藏，一想到战乱忽起，那么多珍贵的、心爱的金石字画可能不再属于自己了，这些珍藏流落到哪里尚且不知道，如果再遭遇战乱极有可能被付之一炬，李清照实在是心急如焚。

李清照夫妇正在谋划下一步的打算，另一件让他们意想不到的事情发生了。赵明诚有两位兄长，原本在汴京为官，在金兵攻打汴京之前，他们带着母亲来到了江宁避祸，而赵明诚的母亲在江宁不幸去世了。赵明诚得知这一噩耗，悲痛不已，他急切地想前往江宁奔丧，与此同时，这对伉俪也为他们的未来做好了计划。

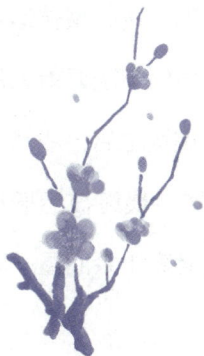

飘摇南渡，道阻且长

兵荒马乱之际，赵明诚、李清照夫妇不得不南渡避祸，那段艰辛、险象丛生的经历令李清照铭记终生，而"南渡"也成为她人生中的分界线，南渡后的她，只能在梦中回到故国、故土，也只能用诗词去回溯、抒写过往的岁月……

周密谋划，志在护宝

北宋于公元 1127 年灭亡，这一年，宋徽宗的儿子赵构在应天府称帝，年号建炎，这就是南宋的第一位皇帝——宋高宗。

在烽烟四起的时局之下，李清照和丈夫对于未来的计划是：赵明诚率先前往江宁，夫妻二人分批将淄州、青州等地的文物收藏转运到江宁府。作为人子，母亲过世理应第一时间奔丧，所以赵明诚首先从淄州出发，出发之前他们对淄州的收藏进行筛选、淘汰之后，依然装满了整整十五车，这批文物经过陆路和海路的辗转，最终被运抵江宁。李清照的任务是要冒着遭遇战乱的危险将青州老家十余间屋子里的文物进行整理，在第二年春天再用船只运往江宁。

夫妻二人做了周密的谋划，目的只有一个，那就是保全他们多年以来收藏的心爱的文物。

国乱之际，文物历劫

李清照独自留在青州整理珍藏并料理家务，原本这一年宋金之间的局势逐渐有所缓和，没想到在年底青州竟然发生了兵变，叛军杀害官员，战火波及全城。可惜李清照夫妇的十余屋珍藏，大部分被战火化为灰烬了。李清照一个弱女子，在战乱面前自然是无力回天，她没有能力完全保全这批文物，怀着巨大的悲愤和无奈，她将最珍视的文物保全了一小部分。

李清照带着这部分文物乘船南下，仓皇逃出了青州。水路缓慢，其中的艰难可想而知，当她到达镇江的时候，又遇到了强盗抢劫，所携带的文物大多散佚，唯一值得庆幸的是，那幅她最珍视的《赵氏神妙帖》完好无损地被保存了下来。

经历了战乱的惊魂未定和路途上的艰难险阻，李清照终于得以和丈夫在江宁团聚，这幅《赵氏神妙帖》也算是给了他们一份难得的慰藉。赵明诚后来曾经专门记载过此事："此帖章氏子售之京师，余以二百千得之。去年秋西兵之变，余家所资，荡无遗余。老妻独携此而逃。未几，江外之盗再掠镇江，此帖独存，信其神工妙翰，有物护持也。"这件文物可以说是李清照用生命保存下来的，她一直随身携带才使其免于灾祸，不得不说是一个奇迹。

不管怎样，历经重重劫难之后，李清照和赵明诚终于在江宁获得了暂时的安定，并且赵明诚还被任命为江宁知府，大权在握。事实上，赵明诚在金石字画收藏、鉴赏领域有着超出常人的才华，但是他不懂军情，对政治也一知半解，却担任地方要职，实在是有些不妥。不过这与当时的各种复杂因素有关，首先赵明诚的两位兄长都在朝廷为官，其次也有更深层的原因，金兵灭亡北宋时，掳走了大批政府官员，这些人要么滞留金人统治区，要么非死即伤，已经不能为宋王朝效力，刚刚即位的宋高宗急需大量的官员为他管理地方，赵明诚就是在这样的形势下被任命为江宁知府的。

生活上安定了，李清照夫妇二人再次开始了文物收藏事业，然而南渡之后的李清照在性情上发生了明显的变化，她的人生也将进入下一个阶段。

憔悴凋零，惆怅度日

宋高宗建炎元年（1127 年），李清照与丈夫在江宁团聚，这一年李清照已经四十四岁。在短短两年的时间里，她目睹了金兵南下、国都沦陷、君主被俘，再到后来的青州兵变、镇江之乱、文物被毁，她真正见识了战争的残酷，深切感受到了国家灭亡给人民带来的痛苦，而她自己也体会了逃难生活的辛酸。一系列的生活变故与她之前四十多年的生活状态相比简直是发生了天翻地覆的变化，李清照的心里不再只有自己的喜怒哀乐，更多了一份对国家前途命运的担忧。曾经吟风弄月、无忧无虑的日子逐渐远去，惆怅、忧伤总是涌上心头。

这一时期，李清照曾经写过这样两句诗："南渡衣冠少王导，北来消息欠刘琨。"这两句诗借用历史典故，讽喻了当下的时局。王导是晋朝人，西晋被北方少数民族不断袭扰，晋怀帝、晋愍帝先后被俘虏，西晋也因此灭亡。之后晋元帝在南方建立了政权，整个晋王朝

"衣冠南渡"到了南方，这就是东晋的开始。王导就是晋元帝即位之后任用的宰相，"衣冠"则指的是晋朝的官僚士大夫。有一次，官员士大夫们在一起聚会，有人说："南方的风景看起来和中原没有太多区别，可是没有家乡的归属感。"众人听后潸然泪下，不住叹息，只有王导站出来说："我们要齐心协力一起恢复故土，怎么能够这么没出息地哭泣呢？"

刘琨也是晋朝人，曾经辅佐晋元帝登基，他是主张北伐的重要将领。刘琨有一个好朋友叫祖逖，两个人每到半夜听到鸡叫声就会起床到庭院中舞剑，通过苦练武功告诫自己时刻不忘北伐大业，这就是"闻鸡起舞"的故事，这两个人后来成了北伐的中流砥柱。

李清照通过这两个人的典故暗喻当下的大宋时局与当年的晋王朝何其相似，同时也讽刺了大宋朝中无人、缺少抗击金军的仁人志士，朝廷的软弱无能、偏安一隅令李清照无比失望，因此，忧愁与惆怅终日伴随着她。

在江宁生活的李清照经常在大雪天戴上斗笠、穿上蓑衣，登上城楼向远处眺望。她希望通过这种方式写出好的诗句，如有所得，就会邀请赵明诚一起写诗。也许是公务过于繁忙，也许是才思不能和妻子相匹敌，这种形式的唱和让赵明诚有些力不从心。虽然李清照依然保持着高雅的生活格调，喜欢写诗作词，但自从南渡之后，她的作品当中处处流露着深沉与惆怅、飘零与孤寂，这也是这位女词人生活的真实写照。

诗词欣赏

临江仙·庭院深深深几许

李清照

欧阳公作《蝶恋花》，有"深深深几许"之句，予酷爱之。用其语作"庭院深深"数阕，其声即旧《临江仙》也。

庭院深深深几许？云窗雾阁常扃。

柳梢梅萼渐分明。

春归秣陵树，人老建康城。

感月吟风多少事，如今老去无成。

谁怜憔悴更凋零。

试灯无意思，踏雪没心情。

赏 析

　　这首词创作于李清照流落江宁（后改名
为建康）期间，词人因金兵南下，故乡遭逢
战乱，飘零至此。李清照南渡之后，词风较
之以前大有不同。南渡之前，其词风清新婉
丽，多写闺中生活，悠闲自在；南渡之后，
词中多了对家国兴亡的忧虑和自身境遇的悲
叹，格调感伤悲凉，这首词便是词人后期创
作的代表作之一。

　　李清照博学多才，精通书史，她在小序
中交代了喜爱欧阳修"庭院深深深几许"的
句子，便借用此句写了好几首《临江仙》。
"庭院深深"原本给人以幽深、神秘、迷人
的感觉，而词人并没有被吸引，所以楼阁的
窗子是经常关闭的，江宁城内已经是初春时
节，柳梢渐绿，梅花盛开，这大好春光原本
该尽情欣赏游玩，李清照却独居室内，不

愿外出。下一句中的"秣陵""建康"都是江宁（今江苏南京）的别称，词人用"春归""人老"这种时间概念做铺陈，看似平淡，实则表达了深切的悲痛之情。春归竟然是在秣陵所见，人老建康城，也许自己真的再无机会回到故乡，只能老死在这偏安之地。

下半首词人抒发的感慨意味深长，回想起以前的美好时光如今已不复存在，年华老去自己却一事无成。此刻的我憔悴、凋零，有谁能够理解我呢？雪后的元宵佳节，欣赏花灯我觉得没什么意思，踏雪寻梅也没有心情。

这首词语言平实、信手拈来，却表达了词人落寞、忧伤的心境，苍凉沉郁成了李清照后期词作的典型风格。

乌江怀古，
论人生豪杰

在世人眼中，李清照是一位才华卓越的女词人，也因此常被人们认为她只会吟风弄月，写一些婉约派诗词。事实上，李清照柔弱的外表之下还有一副铮铮铁骨。对于金人铁蹄的践踏和南宋朝廷的软弱，李清照会直言不讳地表达不满与愤怒。

李清照经历了家园被毁、文物散佚、飘零江宁等各种不幸之后，曾写过两句诗尖锐地批评当时谋求苟安的官员士大夫："南游尚怯吴江冷，北狩应悲易水寒。"这两句表达的意思非常直接，南渡之后，宋朝的君臣来到吴地，尚且感觉江水寒冷，实则讽刺当局怯战胆寒。"北狩"一句则直指被金人掳走的徽宗、钦宗二帝，他们生活在金人占领区，应该会感到易水寒冷，深感悲凉吧，这其实也是在讽刺当局，如果偏安一隅，不思收复中原失地，那被掳走的两位皇帝真的回归无日了。

时局动荡，丈夫失节

李清照就是这样一位在婉约之外兼有豪放气质的奇女子，对于时局她又有敏锐的洞察力，这令她的文学创作拥有了不一样的思想境界。然而李清照的创作并非为哗众取宠，她的创作源于内心最真实的情感。国难当头之际，李清照表现出了大丈夫一样的胸襟和气概，她渴望南宋朝廷能收复中原，也渴望自己能重返故土，然而当权派的软弱无能令她无比失望，其中还包括她最敬重、疼爱的夫君赵明诚。

宋高宗建炎三年（1129 年），赵明诚在江宁任知府已经有一年多的时间了。二月的一天夜里，驻扎在江宁的宋军要起兵谋反，好在江东转运副使李谟提前有所察觉，他马上就将这个事关全城百姓安危的重要情报报告给了自己的上司赵明诚，然而赵明诚对此却无动于衷。赵明诚的理由是，自己即将被调往湖州，江宁城的事务与自己已经无关了，于是不准备采取行动。李谟十分无奈，便自己去各处安排士兵以防不测，夜半时分，果然有叛军攻城，由于李谟提前做了防范，叛军始终不能攻破江宁城，最后逃离而去。

天亮之后，李谟准备将夜里的战报汇报给赵明诚，但他根本找不到赵明诚，经过了解才清楚，昨夜赵明诚竟然和两个手下在城墙上吊下一根绳子逃跑了。赵明诚抛下一城百姓的安危，"缒城宵遁"，匪夷所思，然而这确确实实地发生了。

李清照得知此事后想必极为痛苦和失望。只能说，与自己相濡以沫的夫君是一个文物鉴赏家、收藏家，虽然他有过人的才华，但他并不是一个好官，也不是一个有能力的官员。事实上，赵明诚的这种行为在南宋朝廷内并不是个例，这也侧面说明了这个朝廷的软弱和官员的无能。

乌江怀古，慷慨壮烈

赵明诚的临阵脱逃让他受到了朝廷的惩罚，朝廷罢免了他的官职。李清照对于丈夫的所作所为虽然心有不满，但那毕竟是她相濡以沫的夫君，是她的精神支柱，所以他们决定离开江宁，再一次过上了流亡生活。他们在安徽一带盘桓了很久，最终决定前往江西赣水定居。在流亡途中，他们到达了当年项羽自刎的乌江边上，李清照深感国家破碎、朝中无人的局面，满怀悲愤写下了《夏日绝句》一诗："生当作人杰，死亦为鬼雄。至今思项羽，不肯过江东。"

李清照这首诗通过乌江怀古，对项羽这位悲剧英雄大加赞赏。李清照认为项羽才是具有英雄气概的真豪杰，当年兵败至乌江，宁可自刎成仁，也不愿意苟且偷生。项羽有直面死亡的勇气，通过自刎保留了自己的尊严，不愧为顶天立地的大丈夫、大英雄。而反观当下朝野，明哲保身、苟且偷安之辈不计其数，与项羽的气概相比真是有天壤之别。李清照此诗一方面是讥讽当权者的软弱无能，另一方面也希望通过项羽这位英雄激励更多的人加入抗击金军的队伍中来。

再次离别，悲从中来

当夫妻二人想就此隐居的时候，赵明诚再次收到了朝廷的圣旨，朝廷让他继续前往湖州任知州。赵明诚作为一个罪官在很短的时间内再次得到重用，不得不说是南宋朝廷的无奈之举。重新步入仕途的赵明诚需要亲自去晋见宋高宗，向皇帝致谢的同时检点自己的过失。此时的宋高宗在金军的进逼之下居住在江宁城，建炎三年（1129 年），宋高宗还将江宁府改名为建康府，设为行都。

赵明诚需要重新返回建康城，将李清照暂时安顿在了池阳，夫妻二人再次分离。这次分别时，赵明诚显得精神奕奕，临别时，李清照担心再次遇到战乱和其他紧急情况，就问赵明诚该怎么办。赵明诚对李清照说："如果那样就跟随众人一起逃命吧！在不得已的时候就扔掉包裹行李，再不得已就扔掉衣服和被褥，还不行的话就将沉重不便携带的书籍卷轴扔掉，如果实在没办法最终就将那些古董器皿也扔掉吧！不过祖宗的牌位一定要亲自携带着，要与他们共存亡，千万记住了。"赵明诚交代完之后就头也不回地骑马而去了，李清照临别时的发问似乎也预示着前方有不祥之兆。

诗词欣赏

南歌子·天上星河转

李清照

天上星河转，人间帘幕垂。

凉生枕簟泪痕滋。起解罗衣聊问、夜何其。

翠贴莲蓬小，金销藕叶稀。

旧时天气旧时衣。只有情怀不似、旧家时！

赏　析

　　这首《南歌子·天上星河转》是李清照流落江南后的作品，此词虽语言平实，却情感真挚，娓娓道来，颇具打动人心的力量。

　　"天上星河转，人间帘幕垂。"首二句着重刻画环境：天空星河璀璨，人间静谧无声，家家户户都帘幕低垂，似乎所有人都伴着浓浓的夜色，深深睡去。"凉生枕簟泪痕滋"一句却直接点明词人此刻的状态——她辗转反侧，无法入眠，泪水无法自控地涌出眼眶，滴落枕头。上阕末尾一句"起解罗衣聊问、夜何其"描述的则是词人起身换衣，并"聊问、夜色如何"，其聊问的对象可能是侍女。

　　上阕由眼前的景物写起，再落到"夜间垂泪""换衣"等具体的事情上，语言平实、细腻。下阕着重抒情，词人见自己身形消瘦、罗衣渐宽，不由得感叹虽四季轮换，天气却年年如旧，身上穿着的也是旧时衣物，只是心情却不复从前了。词人平淡的语气背后，是她此刻无比复杂的心情和日渐沧桑的心境。经历了山河破碎、飘摇南渡这一系列痛苦悲哀的现实后，她的人生骤然转变，再也不复从前的明媚美好。回想当初，恍如隔世，遥望未来，只有无限的茫然……

这首词情调沉郁，思想深刻，极具艺术感染力，反复诵读之下，只觉得句句生悲，亦是李清照的代表作品之一。

天人两隔，
肠断与谁同倚

　　李清照与赵明诚分别后不久，便收到了丈夫的来信，赵明诚说自己由于路途辗转，终日疲倦不堪，在路途中中了暑，不小心患了疟疾，到达建康城之后就病倒了。信中这些不好的消息让李清照心急如焚，身患疟疾若得不到妥善治疗，必定会使病情加重。所以李清照当机立断，连夜乘船从水路赶往建康。

　　古代水路行船速度是比较慢的，在水上赶路几日，终于到达建康与赵明诚相见。李清照看到丈夫服用了许多降温、散热的寒性药材，不由得忧心忡忡。赵明诚此刻的身体状态很差，这些药物非但没有将他治愈，反而使得他的病情进一步恶化，甚至到了生命垂危的地步。

　　看着眼前一病不起的丈夫，李清照感到人生前所未有的打击。在建康城里，她有着太多伤心的回忆。如今赵明诚卧床不起，病入膏肓，建康竟然又成了自己与丈夫最终的生离死别之地。想到这里，李清照的内心是何等的悲凉！

建炎三年（1129年）八月十八日，赵明诚溘然长逝，享年四十九岁。赵明诚的去世让李清照几近崩溃，国破家亡、丈夫去世、颠沛流离，一个女人一生中最悲惨的经历莫过于此，而这些全都让这位才华卓越的女词人经历了。李清照十八岁嫁给赵明诚，到如今相濡以沫二十八年，李清照也从一个天真烂漫的少女变成了一位中年寡妇，眼前的一切让她一时无法接受，但现实就是如此残酷，李清照的余生注定要一个人孤独前行了。

李清照强忍着巨大的悲痛为赵明诚料理了后事，她还为丈夫写了一篇祭文，祭文中写道，赵明诚非常机智，在自己之前亡故，总比死在自己之后好，如果那样赵明诚便会感受这份痛苦。这显然是李清照宽慰自己的话，而越是这样的真挚表达，越流露出自己对于丈夫病逝的悲痛之情。

在料理完赵明诚的丧事之后，李清照再也撑不下去了，长时间的悲痛加之操劳过度，让她大病了一场。赵明诚的去世让李清照无比绝望，从此之后，这位风华绝代的才女，在诗词中融入了更加浓重的哀愁，李清照的晚年生活中，与之相伴的是无尽的泪水与悲凉！

孤雁儿·藤床纸帐朝眠起

李清照

世人作梅词，下笔便俗。予试作一篇，乃知前言不妄耳。

藤床纸帐朝眠起，说不尽无佳思。

沉香断续玉炉寒，伴我情怀如水。

笛声三弄，梅心惊破，多少春情意。

小风疏雨萧萧地，又催下千行泪。

吹箫人去玉楼空，肠断与谁同倚。

一枝折得，人间天上，没个人堪寄。

赏 析

　　这首《孤雁儿》创作于赵明诚去世后不久，李清照在小序中说这是一首描写梅花的词作，但实则表达了对丈夫的无尽思念，孤独、寂寞、凄凉则是自己生活的真实写照。

　　词人早上醒来之后，心情很差，有说不尽的思念和伤感。桌上的沉香燃尽，玉制的香炉早已凉透，就像词人的情绪一样孤独凄凉。窗外忽然传来一阵笛声，吹奏的是《梅花三弄》这首曲子，笛声三弄原本能吹开无数美丽的花瓣，带给人无尽的快乐，可是我竟然是如此悲伤，大好春光也只能白白辜负了。庭院中的小雨淅淅沥沥，听着雨声，又让我泪流不止。因为"吹箫人"（指赵明诚）已经离我远去，只留下空空的楼阁，即便我肝肠寸断也无人寄托。折下一枝美丽的梅花吧，可是花枝拿在手中独自忧伤，这人间和天上，那个人永远都不可能再收到这枝梅花了！

这首词表面写的是梅花，其实是一首悼亡词。李清照将现实环境与内心情感相结合，浑然一体，营造出一种孤寂、清冷的意境，春景的美好与丧夫之痛做对比，哀婉悲戚，感人至深。

第六章

任世事纷扰，我自明月清风

从"靖康之变"到赵明诚去世不过两三年的时间，李清照经历了人世间最痛苦的变故。金人南下的铁蹄践踏着宋朝的国土，李清照则独自一人在南方颠沛流离，她呕心沥血、遍尝艰辛，只为保留住她与赵明诚的珍贵收藏。纵然世事纷扰，变幻无常，李清照的后半生还将面临诸多无法预知的苦难，但这位富有独立精神的伟大女性依然能够勇敢地面对，似清风明月般坦荡磊落。

颠沛流离，
艰难的护宝之旅

　　赵明诚从染疾到去世仅仅一个多月的时间，这一切对于李清照来讲太过突然。料理完丈夫的后事，李清照卧床不起。然而现实问题接踵而来，这位柔弱的女子不得不让自己变得坚强起来，因为还有很多事情等着她去完成。

　　李清照在当时面临的问题主要有两个：一是自己孤身一人，未来何去何从；二是自己与赵明诚冒着性命之危从山东运到建康的一大批金石字画、文物收藏如何保全。混乱的时局让李清照没有过多思考的时间，因为此时的建康城在金兵的进逼之下也已经岌岌可危。

金人南下，步步紧逼

金国自"靖康之变"灭亡北宋之后，始终没有停止对宋朝的进犯。金人掳走宋徽宗、宋钦宗之后北归，在汴京一带扶持张邦昌建立了"伪楚"政权，占据着今河南、河北的广大地区。金人之所以建立傀儡政权，一是要削弱宋朝的势力范围，二是金国本国国情错综复杂，他们处于奴隶社会晚期，由于种种原因还不能直接统治已经走向封建王朝顶峰的北宋。然而，"伪楚"政权仅仅存在了一个多月的时间，就在宋朝军民的反对声中倒台了，在巨大的压力之下，"伪楚"政权又将所占领的土地交给宋朝管理。

建炎元年（1127年），宋高宗在应天府（今河南商丘）称帝，建立南宋。金军卷土重来，再次南下攻宋。宋高宗仓皇逃往扬州，金人乘胜追击，分三路大军分别向山东、河南、陕西一带全面进攻，企图扩大战略成果，再次占领汴京。

建炎二年（1128年），金军攻占了今山东潍坊、青州、河南孟县、陕西凤翔等地，汴京留守宗泽奋力抵抗，终于保住了城池。但是到了下半年，形势急转直下，金军占领了宋朝大片疆土，到年底的时候已经兵临江淮一带，很显然，金国想对南宋实施大规模的进攻。

建炎三年（1129年），完颜宗翰率领的大军相继攻破了濮阳、安阳等地，准备从山东滕县奔袭扬州，追击宋高宗。宋高宗再次逃亡，来到了江宁，并将江宁城改名为建康城。赵明诚就是在这样的局势下被授予湖州知州的，然而还未赴任便撒手人寰，与李清照阴阳两隔。

金兵来犯，建康城危在旦夕，宋高宗早早地率领文武大臣再次向南逃去，身在城中的李清照必须在危急关头做出决断。李清照深知与丈夫保存下来的文物是何等重要，这不仅是他们的心爱之物，也是两个人生活和爱情的见证，更是一份厚重的文化遗存。

洪州陷落，文物复劫

李清照很清楚，文物一旦遭遇战火必将毁于一旦，此时她想到了赵明诚的妹夫，此时他正在洪州（今江西南昌）担任兵部侍郎，保护着隆祐皇太后（宋哲宗的皇后，宋高宗的伯母）的安危。李清照认为，洪州远离金军的军事中心，发生战乱的概率比较低，这位妹夫又在朝廷中担任要职，一定能够通过自己的力量替她保全文物。

李清照的分析有理有据，似乎十分妥当，于是她委托赵明诚生前的两位部下，将当年运抵建康的文物古籍运往了洪州。可是令李清照没想到的是，这批文物再次被送入了虎口！这一次金军南下，采取了多路并进的方式，由于没有追击到宋高宗，当他们听闻隆祐太后正在洪州避难，便直接攻打洪州，可怜这一批珍贵的文物收藏再次遭遇厄运。

建炎三年（1129 年）十二月，金军攻陷洪州，在战火纷飞的年代，官员们能够自保尚且不易，城破时，赵明诚的妹夫早已没有能力帮李清照保全文物，他护送着隆祐太后向岭南一带逃亡，可怜当年装满了十五车的两万多卷古籍图书、两千多卷金石拓本顷刻间便化为灰烬了。

为证清白，追随帝踪

洪州文物被毁还是后话，李清照原以为这批文物有了安全的着落，接下来就是考虑自己作何打算了。在时局动荡、战乱迭起之际，李清照做了一个十分大胆的决定，她要追随宋高宗的踪迹，向南逃难。作为一个中年妇人，李清照为何要追随宋高宗呢？其中还有一场意外的变故。

赵明诚在病重的时候，曾经有一个叫张飞卿的人来找他，张飞卿带来了一把精美的玉壶，想让赵明诚鉴别真伪。赵明诚看过后告诉对方这并不是玉石，而是用"珉"（一种与玉很相似的石头）制作而成，张飞卿便带着这把壶离开了。后来，张飞卿投靠了金国，并且献上了这把"玉壶"当作礼物。不久就有流言说，这把"玉壶"的主人是赵明诚，并且有人状告赵明诚通过献壶投靠金国、卖主求荣。这样荒谬的事情李清照听到后十分惶恐，更想为丈夫洗去冤屈。原本这是无稽之谈，但在战乱之中，赵明诚又有弃城逃跑的污点，难免让人心生怀疑。这次李清照追随宋高宗，其目的只有一个，就是想找机会为丈夫正名，还赵明诚一个公道。

李清照南下时，身边带了许多体积较小、便于携带，同时又价值连城的宝物，这些文物正是丈夫所交代的最重要的东西。李清照也做好了打算，如果有机会，准备将手中的一部分文物上交朝廷，这样既能保全文物本身，又能让真相大白于天下。李清照之所以准备这么做，就是为了证明自己的丈夫并非一个私通金人、叛国投敌的小人。

李清照选择追随宋高宗的行程还有一个重要原因，那就是自己的同胞兄弟李远正在皇帝身边为官，与皇帝一起逃亡，虽然时局混乱，但如果能得到弟弟的照应，总比自己独自漂泊更加稳妥一些。李清照的决定虽然听起来合乎情理，但在战乱年代想完成这样一件大事着实不易。

浙东飘零，颠沛流离

金国大将完颜宗弼（又名金兀术）率领的军队很快就占领了建康城，继续向南追击宋高宗，大宋皇帝从建康离开后先后逃到了镇江、越州、明州、台州、温州等地，金军不断攻打宋高宗所到的城池，最后是一场海上的风暴阻止了金军的追击。皇帝逃亡有军队护卫，而已经年近半百的李清照，带着许多文物收藏追随宋高宗的足迹，其难度可想而知。

李清照在离开建康城之后一直在后边跟随着宋高宗的队伍，先走陆路，后走水路，由于身边携带的文物过多，李清照的速度始终追赶不上皇帝逃亡的速度。建炎四年（1130 年），李清照一直在浙江东部追随宋高宗的踪迹，此时的李清照深切体会到了什么叫作颠沛流离，她一边赶路一边还要担心自己遭遇不测，尤其是身边带着这么多文物更加危险，可是她也做好了打算，即便是死，也要与最后剩下的这些珍贵的文物共存亡。

宋高宗绍兴元年（1131年），当李清照到达越州（今浙江绍兴）的时候，宋高宗早已到了明州，她也意识到，如果自己还是这样携带着大量文物，不仅追不上皇帝，自己很可能先遭遇厄运。金兵追击宋高宗受阻，兵力已经退到长江以北，李清照认为时局稳定了一些，是时候将颠沛途中随身携带的文物捐献给朝廷了。她决定让当地官员代为上交，就把一批青铜器和古籍文物交给了剡州（今浙江嵊州）的官员。虽然自己不能拥有这些文物，只要文物能得到朝廷保护保全下来已经善莫大焉。可是命运总是如此捉弄人，当李清照把这批文物交到剡州后不久，剡州又发生了叛军的暴乱，这批文物据说被一位将军带走，但下落不明。李清照后来回忆说，经此劫难，那些保存完好的青铜器、金石拓本，大概有十分之五六都不复存在了。

避乱越州，人心难测

李清照一次次将文物交给他人，却总是由于战乱被毁，此时李清照的全部收藏就只剩下身边的几箱文物了。她担心这些宝物再次丢失，连睡觉都会将其放在床下。她异常小心谨慎，因为这是她最后的身家，是她与丈夫最为看重的珍藏。

　　可是，李清照在越州还是遭遇了一次文物劫难，她在越州时租住一户姓钟的人家的房屋，有一天李清照不在家里，她的房间被挖了一个大洞，小偷将五箱文物全部偷走。李清照发现后痛心不已，但是她很清醒，这次只是小偷的偷盗行为，文物不会被销毁，于是她拿出重金悬赏，准备重新收集散佚的文物。没想到很快钟家人就拿来了许多丢失的字画，这时李清照才明白，这批文物就是钟家人偷盗的。李清照苦于没有证据，只能隐忍着收回了部分字画，而丢失的部分据说被一位官员买走了，李清照虽觉痛心，但想着也算是让文物有了一个归宿，便由此作罢。经历这件事，李清照曾经拥有的文物又丧失了一批，最终剩下的只是一些不成系统的普通书籍了。

　　李清照历尽坎坷，用尽全力想保存住文物收藏，可最终还是没有成功，她付出的心血和遭受的打击可想而知。

清平乐·年年雪里

李清照

年年雪里，常插梅花醉。

接尽梅花无好意，赢得满衣清泪。

今年海角天涯，萧萧两鬓生华。

看取晚来风势，故应难看梅花。

赏　析

　　这是李清照又一首描写梅花的词作，创作于南渡之后。李清照是非常喜爱梅花的，然而在自己人生的不同阶段，对于梅花的欣赏也有不同的心境，这种心境的变化也是自己生活巨变的反映。

　　全词短小精悍，却道出了自己人生的三个阶段：早年的时候，新婚燕尔，琴瑟和谐，每当雪后梅花绽放，都要与赵明诚饮酒赏梅，那时候是多么的快乐。当丈夫去世后，再也没有人为自己插上一支梅花，自己孤苦无依，只能揉搓着梅花的花瓣，泪水却不停地打落在衣襟上。现如今自己颠沛流离，身在海角天涯，两鬓也早已生出了白发。虽然满树梅花依旧绽放，但自己似乎已经和梅花格格不入了。今晚的风这么大，也许明天这一树梅花就要被狂风吹落了！

词人表面描写了梅花，实则将个人身世寄托在了梅花上，表达了对自己命运的叹息。与此同时，李清照发出了对国家兴亡的思考，"晚来风势""难看梅花"更是对国家前途的深深忧虑。全词深沉凝练，沉郁悲凉，是李清照后期词作的典型风格。

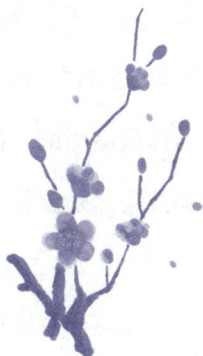

轻诺寡信，
以爱为名的骗局

　　赵明诚去世后，李清照的几次护宝之旅都以失败告终，文物在洪州、剡州、越州的三次劫难让李清照备受打击，如今她身边仅存少量文物，她意识到不论是依靠朝廷还是靠自己一个人的力量，想保全文物都是难上加难。李清照是一个精神世界十分丰富的人，她满怀忧愁苦闷无处倾诉，护送珍宝的苦楚无人能体会，这让她身心俱疲。此时李清照已经年近半百且体弱多病，也许重新组建一个家庭能够让她生活得更加轻松，身边的文物也能够得到更为妥善的保管。这时候，一个名叫张汝舟的人出现了。

　　绍兴二年（1132 年），李清照身在临安（今浙江杭州）。张汝舟在当时是一名负责审核军队粮草与俸禄的官员，虽然品级不高，但责任十分重大。当时李清照重病缠身，几乎已经要准备后事，悲苦万分。这时候张汝舟开始主动接近、关心李清照，并以花言巧语将李清照迷惑，说自己仰慕李清照的才华，希望能照顾她。与此同时，张汝舟还派媒人送来了求婚的文书。李清照身处困境，身体极度虚弱，情绪悲观低落，对于张汝舟的主动示好犹豫不决，但最终还是勉强答应了这门婚事。

仔细思考李清照当时的处境，也不难理解她为何做出这个令她后悔终生的决定。当时的李清照经历长期的辗转奔波后，早已疲惫不堪，她内心的愁苦与孤寂已经快要将她吞没。此时张汝舟的出现好像令她抓住了一根救命稻草，暂时令她心安不少。

张汝舟看似真诚，却是花言巧语之徒，他知道李清照并非凡俗女子，她需要的是一个能与她有精神层面交流的伴侣，于是便投其所好，大献殷勤，更派媒人手持求婚文书，信誓旦旦要给李清照一个美满的家庭。李清照渴望余生有个依靠，自己留存的文物能够得到更好的保存，于是在思虑之下，最终答应了张汝舟的求婚。

然而，当李清照与张汝舟结婚之后，他们两个人都发现现实情况和他们所想象的完全不同。李清照选择再次结婚的原因非常简单，但是她发现张汝舟在学识、性情等方面与赵明诚相比相差甚远，更让她无法接受的是，张汝舟此人居心不良，道德败坏，婚后的表现与当初求婚时的形象判若两人。李清照后来发现，张汝舟与自己成亲的真实原因在于想得到她手中的文物，当初想办法照顾自己、关心自己，实则是为了这样一个卑劣的目的。

张汝舟这边也非常失望，他原以为李清照与赵明诚多年经营，应该有无数的奇珍异藏，他哪里知道李清照夫妇的文物在战乱的冲击之下所剩无几，张汝舟此前的美梦瞬间破灭，他甚至感觉自己受到了欺骗。李清照又是一个性格要强的女人，张汝舟在精神层面和生活方面都无法与李清照达到共鸣，有时候还会被李清照嘲讽，这样一来，临时拼凑的婚姻注定无法维持。更让人气愤的是，张汝舟甚至对李清照拳打脚踢、施以暴力，这对于李清照来讲是无法接受的，简直令她崩溃。

至此，李清照幡然醒悟，张汝舟当初对自己许诺求婚，其实是一场彻头彻尾的骗局！

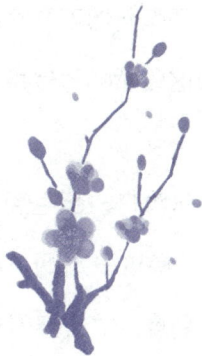

唯求脱去，
震惊朝野的离婚官司

　　李清照不是一个忍气吞声的人，她从来都自尊心很强，当她发现张汝舟的种种劣迹之后，毅然做出了一个震惊朝野的决定：与张汝舟离婚。

　　在中国古代社会，女子要求离婚的情况绝无仅有，当时的道德观念强调的是夫妻关系的稳定，尤其是女方在婚姻中是处于被动地位的。李清照再嫁他人已经遭受了诸多流言蜚语，如今仅仅维持了一百多天的婚姻又要宣告破裂，而且是女方提出离婚，简直是前所未有的新闻。李清照的这一做法，显然是无法得到舆论支持的。

　　宋朝法律规定，女子是不能主动提出离婚的，即便是要离婚，也要得到男方写下的一纸休书才能生效，所以李清照单方面的主张并不能奏效。张汝舟与李清照成亲之后，没有得到什么文物宝藏，如今竟然面临着被妻子要求离婚，这令他很没面子，所以他是断然不会同意离婚要求的。李清照意识到，通过正常的途径结束这段婚姻显然是不可能的，于是她想到了其他办法。

李清照是一个饱读诗书、荣辱感很强的人，与张汝舟一起生活下去是她无法忍受的，她宁愿舍弃一切也不可能再维持这段婚姻。况且，当时的李清照已经失望悲观到了极点，她在给翰林学士綦崇礼写信时说："身既怀臭之可嫌，惟求脱去；彼素抱璧之将往，决欲杀之。"意思是自己草率成婚，不幸被张汝舟玷污，现在只想不顾一切离他而去。又说张汝舟一门心思只想得到自己手中的文物珍宝，如果不达到目的甚至会杀了自己。张汝舟人品低下，行为卑劣，是一个小人，李清照正是抓住了这一点作为突破点。以张汝舟的品行，无论是官场上还是生活上，必然有许多污点，她决定状告丈夫张汝舟，从而达成自己离婚的目的。

李清照发现了张汝舟早年的一个劣迹，状告他"妄增举数入官"。宋朝规定，举人参加科考达到一定的次数可以根据累计的资格被授予一定的官职，然而张汝舟的官职是靠虚报考试次数获得的。张汝舟无论如何也想不到，自己早年的背景被人检举揭发。围绕着李清照提出离婚的新闻，这件案子被闹得很大，到最后竟然惊动了皇帝，宋高宗听说之后非常生气，派人认真查办此案，最终张汝舟丢了官位并且被流放到了广西柳州。

这样的局面是李清照意料之中的，也是她想看到的。李清照知道，官员一旦被流放，妻子就可以根据法律规定与之离婚。这样一来，这段婚姻悲剧才得以收场。可是宋朝还有法律，妻子状告丈夫，无论男方是否有罪，女方都要受到坐牢两年的惩罚，李清照对此当然也很清楚，但是她宁愿坐牢，也不愿意再与一个伪君子共同生活下去。好在李清照并没有因此遭受两年的牢狱之灾，当时的翰林学士綦崇礼是赵明诚的远房亲戚，在他的大力协助之下，李清照只在狱中度过了九天便重新获得了自由。

宋高宗绍兴二年（1132 年），李清照这场震惊朝野的离婚官司终于告一段落，虽然这场风波让她耗尽了力量，但在李清照看来是非常值得的。李清照孤傲清高、充满智慧，状告张汝舟之前就做好了"宁为玉碎，不为瓦全"的打算，离婚案得以顺利解决算是对她唯一的安慰了。这一年，李清照四十九岁。

诗词欣赏

诉衷情·夜来沉醉卸妆迟

李清照

夜来沉醉卸妆迟，梅萼插残枝。

酒醒熏破春睡，梦远不成归。

人悄悄，月依依，翠帘垂。

更挼残蕊，更捻余香，更得些时。

赏　析

李清照的词作中经常出现对梅花的赞赏，她本人喜爱梅花是显而易见的。梅花高洁、孤傲，李清照其实是在以梅花自喻，抒发情怀。

而在这首《诉衷情·夜来沉醉卸妆迟》中，李清照则开创了新的角度来写梅花，既以梅花为引串联起整首词，又以梅花点题，还原了词人的创作心境。

词的上阕描述了这样的场景：深夜，词人借酒消愁，来不及卸妆便沉沉睡去，而梅花的阵阵幽香却将她从美好的梦境中唤醒，她心里怅惋，想要重归梦中却再也无法入睡，再一次想起，如今的她远离故土多年，想要重回故地也是难上加难……

词人怀念故土、思念故人，为了逃避眼前愁闷的生活而时时饮酒，唯有在梦里，她才能得到片刻的心安。然而，这一次她的美梦却被往日热爱的梅香打断，令她心中升起无限的愁怨。上阕中描述的"断梦"其实比完整的梦境更具感染力，令读者回味无穷。

下阕中描写词人从梦中醒来后落寞、凄清、孤寂的心情。夜凉如水，月辉洒落一地，门前翠帘静静低垂，词人愁肠百结，辗转难眠，她百无聊赖地揉搓着梅花花瓣，嗅着那浓浓的香味，怀念着从前点点滴滴的时光……

这首词虽未细致描述梅花的外观、形态，却将丝丝缕缕的梅香刻画得入木三分，描写细腻生动，营造的氛围含蓄空灵，意境深邃。作者寓情于景、以景传情，写出了一首非常典型的咏梅佳作。

不惧流言，剑胆琴心

　　李清照虽然摆脱了张汝舟的纠缠，但这场离婚风波给她自己的声誉带来了很大的负面影响。在当时的社会环境下，产生流言蜚语是在所难免的。

　　宋朝社会流行着"饿死事小，失节事大""贞女不嫁二夫"等传统道德规范，在当时有许多人对李清照的这段经历大加批评。有人说她在赵明诚去世后再嫁他人就已经"失节"，并且还下嫁一名低贱的市侩（指张汝舟），真是让人耻笑。有人则把焦点聚集在李清照状告丈夫谋求离婚这件事上，认为李清照晚节不保，还有人为李清照感到惋惜。甚至还有人断言，李清照如此不检点，节操全无，最终必将流落江湖而死去。

　　李清照虽然是一代才女，但她也并不能脱离她所处的时代，这些流言和批评其实给了李清照很大的压力，另外还有一些恶意的歪曲事实的诋毁。李清照在给翰林学士綦崇礼的信中对自己过往的所作所为进行了反思，她表示有些惭愧。她希望綦崇礼能够对自己的言行品德多多指点，另外也说出了希望通过綦崇礼的影响力，帮自己制止那些毫无根据的无端诽谤。

假如李清照出身市井、农家，即便是在宋朝也不会遭受这么多的非议。但她出身官宦世家，是一位杰出的女词人，这样特殊的身份令她身上聚集了太多的目光，一旦有违背常理的行为，立刻就引来批评。李清照与赵明诚曾经是人人羡慕的伉俪，婚姻幸福美满，而当赵明诚去世后，她再嫁张汝舟，得到的是一段失望丑陋的婚姻，前后两段婚姻的强烈对比也让那些站在道德制高点评判的人恶语相向。众口铄金，人言可畏，这一切李清照只能默默承受。

既然无法堵住悠悠众口，又何必在意世人的流言蜚语。经历婚姻悲剧的李清照意志并未消沉，她从巨大的痛苦当中解脱出来，诗书相伴，剑胆琴心。她关注着国家大事，在她的作品中融入了更加厚重的情怀。虽然是孤身一人，但李清照终于有了自由、畅快的日子，在日后的时光中，李清照无论在文学作品上，还是金石收藏著述领域，都重新迎来了自己创作的高峰！

一代词宗——后世对李清照文学成就的肯定

155

诗词欣赏

添字丑奴儿·窗前谁种芭蕉树

李清照

窗前谁种芭蕉树，阴满中庭。

阴满中庭。

叶叶心心，舒卷有馀情。

伤心枕上三更雨，点滴霖霪。

点滴霖霪。

愁损北人，不惯起来听。

赏　析

　　李清照在南渡之后创作了许多思念故土、感怀身世的词作，其中这一首很有特色。整首词几乎都在描写南方的景物，最后一句画龙点睛，道出了词人心中的所思所想。

　　这首词一开始李清照用发问的方式引入：窗前的芭蕉树是何人所种呢？何人所种其实并不重要，作者只是想将芭蕉这个意象引出来，芭蕉本是南方植物，芭蕉庭院更是南方特有。只见庭院里的芭蕉叶片生长得如此茂密肥大，几乎将庭院都遮盖住了。它的叶片又是如此舒展，情致盎然。可是到了夜半三更，窗外下起了雨，雨水打在芭蕉树叶上点点滴滴的声音响个不停。此时的词人躺在床上，听着窗外雨滴打在芭蕉叶上的声音，不禁愁绪满怀，夜不能寐，她披衣起床，若有所思。雨打芭蕉本是一幅诗情画意的景象，之所以会愁损"北人"，原因在于词人的家乡正在被金人的铁蹄践踏，故园已经物是人非。此时李清照身在南方，眼前的景象并不是她愿意看到的。雨滴芭蕉其实是在击打着李清照的内心，对故乡的思念令她痛彻心扉。

这首词还有一个特色，词作中两处用了重复手法，"阴满中庭""点滴霖霪"的重复出现，让词人的情感更加深沉浓烈。整首词语言流畅、情景交融，将李清照对于国破家亡的伤痛表现得淋漓尽致。

第七章
萧萧两鬓华，江山留与后人愁

怀着对往事的追忆，李清照从容地步入了人生之秋，在"门前风景、枕上诗书"中渐渐平复了改嫁之痛。此时的她，虽贫病交加，却依旧心向光明，为了完成亡夫心愿，她笔耕不辍、倾尽心血直至《金石录》成，可谓"虽处忧患穷困，而志不屈"。

　　而在她人生的后半程，国仇家恨始终横亘在她心中，在那些漂泊无依的日子里，她没有一刻停止过对故土的怀念、对国家命运的关心。

门前风景，枕上诗书

光阴似水逝无痕。

不顾一切地离开张汝舟后，李清照重又恢复了一个人的生活，对于那段经历，她不愿再提，权当是生了一场病。如今的她，有大病初愈后的衰弱与无力，也有脱离枷锁的畅快与舒心。

"晦明乌兔相推迁，雪霜渐到双鬓边。"随着华年渐逝，鬓边染霜，她面容上虽多了几分沧桑，眼神却清澈如初。

她依旧是那个心性坚毅、笃定，看透生活真相却一如既往地热爱生活的女子。在这风雨人生路上，无论身处何时何地，无论经历多大的波折、磨难，她都不曾向命运示弱，反而始终坚守心内的一捧炉火，热烘烘地映照着自身灵魂的同时，亦与身边的人分享暖意。

"病起萧萧两鬓华，卧看残月上窗纱。"那场难堪的离婚官司确实也令她大病一场。在多少个暗夜里，伴着烛光，她躺在床上翻着诗书，从饶有兴趣读到意兴阑珊，眼睛酸涩了，便放下诗书，瞧着那一弯月牙慢慢攀向高处、再高处，透过窗纱，洒下点点清冷的月辉。

月光下的她怀着无限的心事，迟迟无法睡去，纷繁思绪一直将她拉回往日或温馨或甜蜜的时光。可她又不愿意一味沉溺于回忆中，将自己变得软弱，于是又将心事酿成笔下的诗词，寄予将来。

世间不如意事十之八九，若能看开、放下，便是海棠开正好，霁月清风，雨过无痕，而若执着、放不下，那苦痛便会绵延不断，仿佛永远没有尽头。看惯了世事变迁的李清照岂会不懂这个道理？

哪怕如今病容憔悴，身体乏力，她也不会慢待自己的生活。任何时候，她都是那个诗意女子，在人间烟火中淬炼一颗玲珑心。

平日里，她会饮用豆蔻煮成的茶水，在那浓浓的茶香中一点点修复身心裂痕。无事可做时，便斜靠在枕上，又翻看起那些诗书，反复诵读着锦词佳句，读着读着，只觉得眼前明净，口齿生香。

最合她心意的，是突如其来的一场大雨，将世间污浊都冲刷干净。彼时风也萧萧，雨也萧萧，她听着风声雨声，内心却一派安宁。

雨后初晴，草木繁盛，空气格外清新。她坐在门前，静静地欣赏着眼前的风景。

日子就这样一日日过去，看似平淡，于她而言，却是充满乐趣。是啊，如果有一双慧眼，那么生活中处处都是惊喜。

对很多人来说，英雄老去和红颜迟暮都是这世上最残忍的事。李清照也曾感叹过"流光容易把人抛"，从前的明媚少女如今已变成两鬓斑白的老妪，背影瘦削，步伐迟缓，额上的皱纹藏着离愁别绪，沧桑的面容上亦写满大小心事。然而，面对逝去的年华，她追忆、伤怀、愁肠满腹，却绝不颓废、沉沦、自怨自叹。

她咀嚼着人生的苦痛，又将这苦痛和着酒和茶慢慢咽下，在人生的最后一程里，波澜不惊地看窗外风景变换，身边迎来送往……

诗词欣赏

摊破浣溪沙·病起萧萧两鬓华

李清照

病起萧萧两鬓华，卧看残月上窗纱。

豆蔻连梢煎熟水，莫分茶。

枕上诗书闲处好，门前风景雨来佳。

终日向人多酝藉，木犀花。

赏　析

　　这首词是李清照晚年的创作，是在她大病初愈之后，心有所感而起笔抒写的生活片段。

　　在词的上阕，词人以"病起萧萧""月上窗纱""豆蔻煮茶"等生活场景营造了一股淡淡的氛围，奠定了整首词清淡朴素的基调。

　　词人虽然身体抱病、精神倦怠，却并没有沉溺于这困顿的现实处境中，也不去历说无奈、抱怨身世，而是在日常生活琐事中、在静观自得的志趣里获得慰藉，足见词人坚强乐观的心性。

　　词的下阕又着重刻画了"枕上诗书""门前风景""木犀花香"的美好，尤其是末尾两句"终日向人多酝藉，木犀花"，词人以木犀花对应自己，木犀花（即桂花）

静静开放，默默吐香，其文秀温雅的风度正如词人一贯含蓄、宽厚的为人品性，也暗合了词人的精神追求，可谓是生动传神，一贯为读者所津津乐道。

这首词通篇使用白描手法创作，清新自然，韵味悠长。

以诗为剑，
欲将血泪寄山河

　　在恢宏壮烈的历史变革中，个人的命运微如蜉蝣，向前还是向后根本无法预料，也非人力所能左右。李清照的前半生明媚如花，后半生却苦雨凄风，一路飘摇，这一切都与动荡时局息息相关。

　　南渡后，她心中所积蕴的家国情怀越来越浓厚激烈，时刻牵挂着家国故土。哪怕在陷入那场难堪的离婚风波、遭世人嘲讽非议之时，她也在密切关注着朝廷之事，心中时不时泛起忧虑。

　　过往几年，南宋并不太平，金兵步步紧逼，不断挑衅，南宋朝廷却一忍再忍，一退再退。朝中大将岳飞、韩世忠等人瞧着朝廷的懦弱表现都郁愤难耐，恨不得早日领兵上阵，奋勇杀敌，收复河山，怎奈宋高宗赵构迟迟不愿北伐，只愿苟安一隅，频频乞和以保平安。

对于南宋朝廷的懦弱无能与自保求全，"身不得男儿列，心却比男儿烈"的李清照亦是失望无比、愤慨难当。

宋高宗绍兴三年（1133年），在朝廷的授意下，当时的端明殿学士、签书枢密院事韩肖胄和工部尚书胡松年偕同出使金国。关于此事，《宋史·韩肖胄传》中有详细记载："三年，拜端明殿学士、同签书枢密院事，充通问使，以胡松年副之，肖胄慨然受命。时金酋粘罕专执政，方恃兵强，持和战离合之策，行人皆危之。"

韩肖胄是北宋著名宰相韩琦的曾孙，此次出使金国，是他自告奋勇，出头承担了这个艰巨的任务。原来，宋高宗名义上是派使臣北下探望在靖康之变中被俘虏、此后被囚于北方的徽、钦二帝，实际上是派使臣去求和。北方凶险，一开始朝中无人敢主动应下这份差事，正当宋高宗头疼之时，韩肖胄挺身而出，"慨然受命"。

李清照得知此事后，有感而发，不吐不快，于是毅然决然提笔写就著名的《上枢密韩肖胄诗二首》。在这两首诗的序言中，清照如此写道："有易安室者，父祖皆出自韩公门下……见此大号令，不能忘言，作古、律诗各一章，以寄区区之意，以待采诗者云。"李清照表明，自己写此诗，除了为韩胡二人壮行、助威外，也带着勉励之意。

李清照生平所作诗歌很多都散佚在茫茫历史深处，传世的作品并不多，《上枢密韩肖胄诗二首》便是其中不可多得的杰作。这组诗篇幅最长，也最富现实意义，表达了李清照对中原黎民百姓的关心和对国家命运的忧虑之情。

在诗中，她首先描述了韩肖胄和胡松年受命出使的情景。"公拜手稽首，受命白玉墀。曰臣敢辞难，此亦何等时。家人安足谋，妻子不必辞。愿奉天地灵，愿奉宗庙威。"李清照虽然明面上是在赞扬韩肖胄高尚的品德，勉励其此行当不负重望，力所能及地去彰显国威，其实是在贬损、斥责南宋朝廷的腐朽、懦弱。

"闾阎嫠妇亦何知，沥血投书干记室。夷虏从来性虎狼，不虞预备庸何伤。""闾阎嫠妇"是李清照的自称，她以一个贫病交加、流亡寡妇的身份向韩、胡二公进言，要警惕北方敌人的狡猾、凶残本性，处处谨慎，事事小心。同时，李清照还在诗中坦诚自己对韩、胡此行与敌国缔结合盟之约的意见——"圣君大信明如日，长乱何须在屡盟""不乞隋珠与和璧，只乞乡关新信息"，所谓的合盟，根本无法长久，如此忍让下去，中原黎民百姓只会更受煎熬，倍增困苦。

"子孙南渡今几年，飘零遂与流人伍。欲将血泪寄山河，去洒东山一抔土。"李清照热切地盼望着南宋朝廷能收复河山，一洗靖康之耻，救百姓于水火之中。为了能够实现这个愿望，她恨不得将自己的一腔血泪统统寄予河山，用自己的勇敢无畏去荫照后人。

如此铿锵有力、沉痛入骨、豪气冲天的诗句，将李清照的忧国忧民之情和倜傥丈夫气刻画得淋漓尽致。而在书写这首《上枢密韩肖胄诗》之时，李清照正处于人生至暗时刻，可以说是凄凉潦倒、贫病交加，但是在国家命运面前，个人的喜怒哀乐都被她抛之脑后。她目光如炬地洞察着时局，以诗为剑，激昂书写着自己的巾帼壮志。

"木兰横戈好女子！老矣谁能志千里，但愿相将过淮水。"（《打马赋》李清照）如果可以，她多想成为木兰，上阵杀敌，保家卫民，哪怕将一身磊落风骨尽消融于铿锵战歌中亦在所不惜。

李清照的这股家国情怀既浓烈又绵长，既然无法真正上战场抒发护国之志，就一并化作力透纸背、感人至深的诗词，闪耀古今，振奋世人，一直到今天仍给人以巨大的鼓舞。

著录金石，
呕心沥血始完成

　　当年，赵明诚、李清照夫妇携手完成了《金石录》的初稿，二人倍感欣慰。但还未完成所有的编校工作，赵明诚便撒手人寰，除了留给李清照无穷无尽的思念与痛苦外，还留给她这样一个重任——将《金石录》整理、编撰成书，以传后世。这是赵明诚的生平夙愿，也成了李清照晚年时最牵挂的事情之一。

倾尽心血编校《金石录》

　　晚年的李清照身体已大不如前，在整理、修订《金石录》的过程中尤感吃力，但她还是强打精神，一丝不苟地对待着案头工作。她时常回忆起年轻时赵明诚醉心金石、废寝忘食的时光："每朔望谒告出，质衣取半千钱，步入相国寺，市碑文果实归，相对展玩咀嚼，自谓葛天氏之民也。后二年，出仕宦，便有饭蔬衣练，穷遐方绝域，尽天下古文之志。日就月将，渐益堆积……"（《金石录后序》）

而李清照自己为了收集"书史百家"，亦不惜"食去重肉，衣去重采，首无明珠翡翠之饰，室无涂金刺绣之具"。（《金石录后序》）

对于李清照来说，那样的日子一点都不辛苦，反而乐趣无穷。而屏居青州，与赵明诚花前月下吟诗作赋、夫唱妇随的岁月堪称她人生中最快乐的时光之一。如今隔着重重岁月去回望故人，只觉得他眉目如昨，风华如初，一颦一笑、一举一动都是往日熟稔的模样。

案头工作烦琐、细碎，李清照却从未厌倦，经常忙到深夜。偶尔起身去庭院中闻闻花香、欣赏月辉，不由得睹物思人，内心一阵伤感。

"十五年前花月底，相从曾赋赏花诗。今看花月浑相似，安得情怀似往时。"（李清照《偶成》）天地悠悠，岁月匆匆，在漫长的时光里人与人逐渐走散，乃至永别，只能在梦里相见。花儿却是年年盛开似锦绣，月辉的圣洁美丽亦未随着时光的流逝而减淡、削弱。所谓好景常在，物是人非，多年后的今天，赏花弄月的心情也不似旧时。

而就在编校《金石录》的过程中，还发生了一件事，令李清照伤心之余，更感时间紧迫。宋高宗绍兴四年（1134 年）七月份的一天，李清照得知谢克家身染重疾，便匆匆收拾了一番，赶赴谢府去探望对方。谢克家与赵明诚是表兄弟，在与张汝舟的离婚纠纷中，谢克家对李清照诸多照拂，这让李清照不胜感激。

当她来到谢府，见到谢克家时，不由得心情沉重，格外伤感。此时的谢克家缠绵病榻许久，身体十分虚弱。他强打精神，向李清照提起蔡襄的《进谢御赐书诗卷》，这是赵明诚、李清照夫妇昔年珍爱的文物，李清照一直珍重收藏，可惜在绍兴时不幸被盗。

后有人曾拿着这幅《进谢御赐书诗卷》来找谢克家题字，谢克家认出这是李清照被盗文物，遂题字道："姨弟赵德甫，昔年屡以相示。今下世未几，已不能保有之，览之凄然。汝南谢克家。"

这件事他一直记挂在心，此时对李清照说出，也算了了一桩心愿。李清照听后亦是凄楚哀叹，感慨不已。

与李清照相见不久后，谢克家便病重离世。听闻此消息，李清照自是异常悲痛。只是，她绝不容许自己沉溺于这份悲痛中日渐消沉。

故人的离去反而提醒她，时间紧迫，世事无常。毕竟如今的她也已走进暮年，而且身处于这乱世之秋，谁也不知道明天会发生什么，目前迫在眉睫的是要完成《金石录》，以了明诚夙愿。

于是，李清照放下悲伤，再次投入《金石录》的编校工作中去……

佳作著成，百世流芳

经过多年的费心整理、考证、编校，在宋高宗绍兴四年八月，李清照终于完成了《金石录》的成书工作。

之后，她又挥笔写下《金石录后序》，详细记载了自己和赵明诚当年四处收集、费心整理金石文物的曲折历程以及赵明诚去世后自己所经历的诸多忧患得失，句句真切，感人至深。

在《金石录后序》中，李清照如此说道："右《金石录》三十卷者何？赵侯德甫所著书也。取上自三代，下迄五季，凡见于金石刻者二千卷，皆是正讹谬，去取褒贬，上足以合圣人之道，下足以订史氏之失者，皆载之，可谓多矣……"虽然李清照认为《金石录》是其亡夫赵明诚的作品，但因为她本人在这本书上也耗费了巨大的心血，所以后世一般将其认为赵李夫妇二人合著之作。

《金石录》全书一共包含三十卷，前十卷为目录，后二十卷为跋尾。目录部分按照年代排序，且将所有著录的金石文物都按照"编号、文物名称、标注年月"的顺序一一作了标注，十分详尽清晰。这种编著方法便于后人翻阅、检索相关资料，很是科学。

更重要的是，赵明诚、李清照夫妇在撰写《金石录》的过程中十分严谨、细致，致力于纠摘史误，考信求实。在他们的努力下，《金石录》一书纠正、补足了其他史书、史料的错误、缺失之处，为后代的历史研究提供了更精确的史料，而且，这本书还将中国金石学的研究推到新的高度，并影响到了后世考据学的发展，可谓是意义重大。

明末清初的官员谢启光曾如此赞扬这本《金石录》："考订精详，品骘严正，往往于残碑断简之中，指摘其生平隐慝，足以诛奸谀于既往，垂炯戒于将来，不特金石之董狐，实文苑之《春秋》。"

《金石录》是研究古代金石文物的必读之物，可谓代代相传、流芳百世。而它的问世，亦成为赵明诚、李清照美好爱情的见证。

诗词欣赏

菩萨蛮·风柔日薄春犹早

李清照

风柔日薄春犹早，夹衫乍著心情好。

睡起觉微寒，梅花鬓上残。

故乡何处是，忘了除非醉。

沈水卧时烧，香消酒未消。

赏　析

　　这首《菩萨蛮》是李清照晚年杰作之一，表达了她对故乡、故人的无尽思念之情。

　　"风柔日薄春犹早，夹衫乍著心情好。"首二句写的是词人在早春柔和的微风、温淡的日光中脱下冬服、换上夹衫的情形。寒冬终于过去，天地间渐渐染上了新绿，词人的心情也变得轻松、愉快。

　　"睡起觉微寒，梅花鬓上残"二句与首二句间有一定的时间跨度，描述的是词人午间小憩醒来，只觉得一股股寒意弥漫周身，鬓边的海棠花也不复先前的娇艳，花瓣残破凋零，她心情也莫名低沉下来。

　　下阕一开始，词人便自问道："我的故乡在何方？"她心中缠绕着浓浓的思乡之情，一刻也不得解脱。而想要忘记这份苦

楚，除非是用酒灌醉自己，将迷乱的思绪暂
时封闭在梦乡中。

"沈水卧时烧，香消酒未消。"末尾两
句词意含蓄，说的是词人睡前点着的熏香此
刻早已经燃尽，而词人残留的醉意却如海潮
般反复袭来。如此收尾，简洁利落又意蕴无
穷，使人联想起"抽刀断水水更流，举杯消
愁愁更愁"之类的诗句。

这首《菩萨蛮》上阕写早春之景带给词
人的惊喜，下阕却又着重刻画了词人内心深
处的苦闷与悲情，构思精巧，读来令人感触
甚深。

邂逅金华，登八咏楼

完成《金石录》后，李清照如释重负，她原本想在这临安城里安安静静地度过晚年时光，守着西湖，看花开花落、云聚云散，用枕上诗书、门前风景乃至浓愁淡酒继续去充实、装点自己剩下的日子。然而，紧张动荡的时局、一触即发的战事又一次令她的愿望落空。

宋高宗绍兴四年（1134 年）秋，金兵开启了南侵的步伐，在相继攻下滁州和楚州后，更增长了嚣张气焰。战火绵延肆虐，百姓们凄苦奔逃，眼见四处一片乱象，李清照忧心忡忡，愁绪满怀。

事后，在《打马图》序中她这样描述当时的情景："今年十月朔，闻淮上警报，浙江之人，自东走西，自南走北，居山林者谋入城市，居城市者谋入山林，旁午络绎，莫不失所。"

李清照也再次踏上了逃亡之旅，前往金华，投奔当时在金华担任太守的赵明诚之妹婿李擢。此行出发得分外急促、仓皇，逃亡的过程却没有想象中的狼狈。朝廷虽懦弱无能，但大将岳飞、韩世忠率领着手下将士顽强抵抗着敌军的进攻，他们的奋勇表现暂时为南宋挽回了几分颜面。最终，金兵被挡在了长江那头，不得不退回北方。

闻言金兵败退，李清照心情大为畅快，她也有了更多的闲情雅致去欣赏旅途中的风景。江浙一带水乡风情旖旎醉人，文人们来到此处，莫不沉醉于自然美景中，心旷神怡，流连忘返。

当船行江上之时，只见远处山峰绵延，薄雾环绕，仿佛一幅灵秀无比的山水画，牢牢吸引住了李清照的目光，令她心情越发轻松。

临安距离金华并不算太远，后者古称婺州，亦是历史名城之一，城里城外都有着不少古建筑遗存，如著名的八咏楼、天宁寺等，自古便有不少文人墨客闻名而来，探古寻幽，不亦乐乎。

来到金华后，李清照的生活再一次恢复了平静。她的一些好友、晚辈散居在城中各处，与他们相聚时的温馨快乐短暂地抚慰了她那颗伤痕累累、不堪重负的心。

闲暇时，李清照便寄情山水，探揽名胜，以排遣浓愁别绪。而游览金华八咏楼的经历给李清照留下深刻印象。八咏楼创建于南朝时期，气派宏伟，历代文人墨客游览此地时大多会留下题咏。

李清照亦有感而发，作下一首《题八咏楼》："千古风流八咏楼，江山留与后人愁。水通南国三千里，气压江城十四州。"

对于八咏楼的建筑外观及周围风光，在诗里，李清照并未实写，而是用"千古风流"一句一笔盖过，笔调潇洒轻灵，反而给人留下了深刻的印象。"江山留与后人愁"一句则为千古名句，李清照是在感叹，除了八咏楼外，还有无数的名胜古迹乃至大好河山都要留给后人去守护，去忧愁。三四句说的则是此处水道纵横交错，深入江南三千多里，独特的地理位置决定了其无比重要的战略地位，可以说，此处甚至影响到江南十四州的生死存亡。

这首《题八咏楼》揭露了李清照此刻的心境——此时的她根本无法沉下心来游赏美景，实际上，自汴京沦陷后，她无时无刻不在牵挂着祖国河山，心中时时萦绕着这股"江山之愁"。

李清照的这股浓愁是可以理解的，毕竟"金人连年以深秋弓劲马肥入寇，薄暑乃归。远至湖、湘、二浙，兵戎扰攘，所在未尝有乐土也"（《鸡肋编》卷中）。敌人不断进犯，南宋朝廷却不顾尊严地一再退让，以乞得暂时的平安。收复河山的梦想非但无法实现，反而变得越来越遥远，每每想到这个事实，李清照就郁结在胸，难以释怀。

李清照的爱国情怀浓烈如酒，深沉入骨。哪怕饱受时代风雨的侵蚀、摧残，李清照也绝不会屈服于命运。登上八咏楼，她发出"江山留与后人愁"的喟叹，而此时的她，即将迎来人生中最后的篇章。

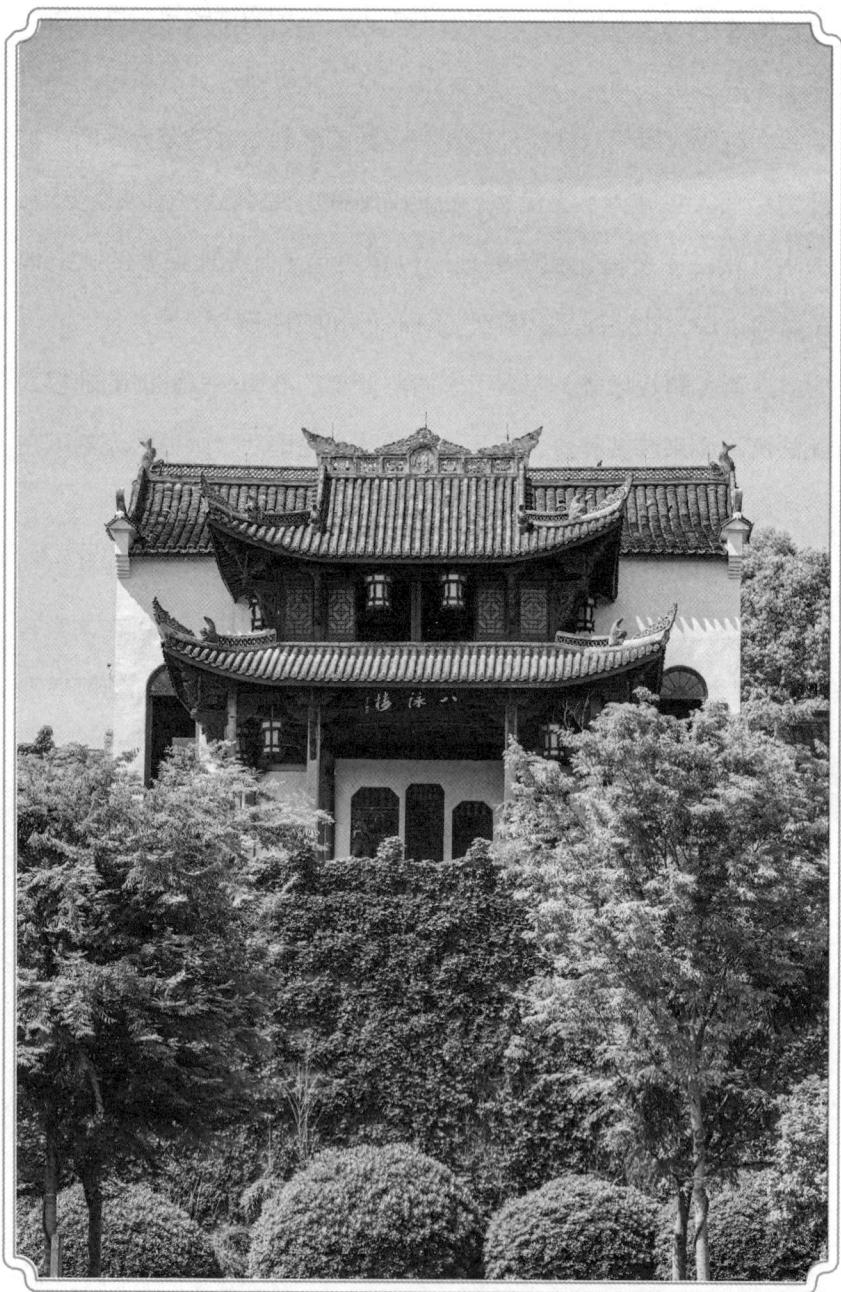

千古风流八咏楼

诗词欣赏

武陵春·春晚

李清照

风住尘香花已尽，日晚倦梳头。

物是人非事事休，欲语泪先流。

闻说双溪春尚好，也拟泛轻舟。

只恐双溪舴艋舟，载不动、许多愁。

赏　析

避难金华期间，李清照写下了这首著名的《武陵春》。首句"风住尘香花已尽"起笔含蓄，意蕴无穷，描述了大风吹后，花瓣零落一地，扬起的尘土中隐隐掺杂着花香的场景，隐喻词人此刻的心境和处境，也仿佛狂风过境，凌乱寥落，狼狈不堪。

"日晚倦梳头"，一个"倦"更突出了词人此刻的状态，虚弱无力，倦怠无比。"物是人非事事休，欲语泪先流"二句不似前两句含蓄婉转，而是直白地点出词人此刻伤心落泪正是因为年华逝去、物是人非，从前的日子有多欢欣，如今就有多凄苦无助。

词的上阕都是从眼前的景物说起，烘托气氛，刻画词人此刻的愁绪。下阕则笔锋一转，落到远处的景物上，进一步突出词人愁云惨淡的心境。金华的双溪很是有名，李清照也向往已久。为了消解孤独、排遣浓愁，她想着不如趁着此时春色正好去泛舟溪上，在自然美景中放松身心。可转念一想，再好的春风也吹不散心中的浓雾……

这首词文思新颖，情感真挚，动人心弦。尤其是尾句"只恐双溪舴艋舟，载不动、许多愁"将原本看不见、摸不着的浓愁物质化、具体化，令读者直接体会到了词人沉重、绝望的心境，历来为人们所称道。

第八章

临安二十载，风住尘香花已尽

战乱结束后，临安恢复了昔日的喧嚣，李清照自金华返回临安，在此蛰居二十载，度过了生命中最后的时光。

　　李清照的晚年生活过得较为安宁，少有出游，也不赴宴。或许是物是人非，旧梦难寻，李清照宁愿独守空居，也不愿踏入浮世繁华。家国梦断，锦书难托，江南的烟雨冲不淡离愁。几杯淡酒，抵不过暗夜的冷风，只听梧桐细雨，滴到天明。

重返临安，静默独居

连天的烽火和累月的逃亡使人们厌倦了战争，越来越多的人开始在江南烟雨里寻求安逸。故国已是旧梦，执剑的将军也只能借着醉意凭栏北望。

不问悲喜，尘嚣自渡

李清照已至暮年，频繁的奔波与感情的坎坷使她心力交瘁，无力过问红尘，只愿独守清风，求一个现世安稳。于是，在某个风和日丽的日子里，李清照回到了临安。

随着战火的远去，临安逐渐恢复了昔日的繁华。烟波浩渺的西湖边高楼渐起，笙歌萦绕。湖边的暖风吹得人忘却了北方的风雪，甘愿醉倒在十里莲塘里，不问归途。

李清照独居在临安的深巷中，不问世事，城中的热闹与喧嚣都与她无关。她只是平静地过着自己的日子，烹茶煮酒，倚栏听雨。闲暇时，点一炉香，填一阕词，打发时光。或许是离愁别怨堆积太多，李清照没了旧日里寻芳的兴致。即使身在风光无限的临安，也少有赏玩，笔下更无多少轻松词句。

花灯如昼，旧情衰谢

元宵佳节，临安城内花灯亮起，游人无数。李清照婉拒了友人的邀请，独自在家。望着窗前的圆月，李清照想到了汴京城元宵节的盛况——千灯如昼，歌舞升平，一片盛世太平的景象。那时，没人能想到如今这战乱四起、山河破碎的惨状。

那时，李清照会仔细地打扮，"铺翠冠儿，捻金雪柳，簇带争济楚。"乘着香车宝马，与赵明诚一起，看花灯万千。这样的美好已是遥远的回忆，如今的李清照"风鬟霜鬓，怕见夜间出去。"懒得梳妆，也不愿夜游。即使是难得热闹的上元夜，她也只是守着旧时回忆，听着窗外的欢声笑语。

冬日里难得下了雪，李清照想到了在汴京时踏雪寻梅、插花饮酒的日子。飘雪时赏梅最为雅致，可没了一同赏花的人，再有趣的事儿也要添上几分落寞。晚来风起，梅花怕是要吹落枝头了，晨起时大概只能见到落红满地了。如同逐渐衰老的自己，两鬓已有白发，额间也生了皱纹，到底是朱颜不再，芳华难寻。

李清照爱梅也惜梅，她欣赏梅花的孤傲与坚韧，赞她"此花不与群花比"。暮年的李清照就如同一树老梅，兀自树立在风雨中，任时光摇曳。

诗词欣赏

钓台·巨舰只缘因利往

李清照

巨舰只缘因利往，扁舟亦是为名来。

往来有愧先生德，特地通宵过钓台。

赏 析

这是一首七言诗。表达了诗人对隐士严光的崇敬之情，同时也说明了自己不愿被世俗名利所羁绊，却无法抽身的无奈。

东汉隐士严光年少有为，与光武帝刘秀是好友。刘秀曾多次向严光发出邀请，请他入朝为官，严光都不为所动，隐居在浙江富春山。相传钓台为严光曾经垂钓的地方，从"特地通宵过钓台"一句可知，诗人是特意到此地来怀念严光先生的。

诗人用"巨舰"和"扁舟"来比喻尘世中追逐名利的人们，无论官职大小、地位高低，多数人的一生都无法摆脱名利二字，哪怕是诗人自己，因此诗人觉得"有愧先生德"。

写这首诗时，诗人经历了战争的动荡，体会了逃亡的辛酸，再不是那个只知儿女情长的女子了。她深知名利的重要性，无法放弃对名利的追逐，但心中又有对隐士的敬仰和对隐居生活的渴望。

　　这首诗仅用短短几句就写出了诗人内心的煎熬，同时也可以看出诗人不愿与沽名钓誉之徒为伍的决心。可见诗人之高洁，虽身在世俗之中，依然能守住底线，时时自省。

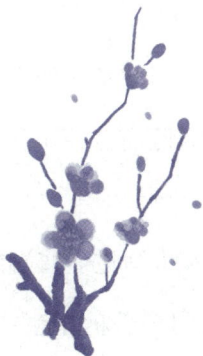

远离俗尘，
不与奸佞为伍

李清照晚年的生活平静如水，闲看落花，静听风吟。大约是半生流离，终于找到安居之所，所以格外珍惜眼前的安宁。然而，世事难料，总有人想要打破平静，在无波无澜的湖水中投进几颗石子，让湖面泛起涟漪。

隐逸无争，遗世独立

秦桧之妻王氏是李清照的姑表姊妹，但李清照与秦氏夫妇并无深交，李清照甚至对他们颇为冷淡。昔年，李清照和张汝舟离婚，即使要被关进监狱里，她也不曾向那位位高权重的亲戚求救。

重回临安之后，不少人因着李清照的才名请她写帖子，作为进献给内廷的礼物，无非是些歌功颂德的话，于李清照而言并无多少难度。

李清照虽多有推脱，但盛情难却，也为一些友人写过一些端午贴、立春帖等。写完帖子之后，李清照通常都会收到一部分润笔。

一年端午，李清照在写端午帖时遭到了秦桧的哥哥秦梓的为难，并支付了她极低的润笔。这本是一件小事，李清照也并未放在心上。然而从这件事就足以看出，李清照与秦桧等奸佞小人实非一路人，李清照的孤高自持也成了这些人攻击她的理由。

即使满头华发，亦不曾减少李清照的风华，反而多了几缕岁月酝酿而成的美，遗世独立。能在年少时写出"九万里风鹏正举"的人，必定肆意如长风万里，舒朗磊落。纵使年老色衰，力有不逮，也断不会沉沦世俗，与宵小为伍。

闲云野趣，悠然自乐

公元 1143 年，李清照将自己和丈夫耗尽半生心血所作的《金石录》进献给朝廷，希望能流传于后世。《金石录》是赵明诚一生的执念，在赵明诚离世后，李清照跟着丈夫的脚步，完成了这部著作，这本书里的一字一句，都是二人走过的岁月。从青丝到白发，从汴京到临安，李清照终不负丈夫所托，将《金石录》传承了下去。

《金石录》的完成使李清照逐渐清闲了下来，不用终日埋头书卷之中了。卸下重担的李清照过得更加随意了，晨起不必在意时间，午后或闲读诗书，或侍弄花草，任云卷云舒，时节更替。偶尔来了兴致，便整理一些旧物，在回忆里翻找旧时光。

公元 1150 年，李清照在旧物中找到了米芾的《灵峰行记帖》，颇为欣喜。而米芾的长子米友仁也恰好居住在临安，于是，甚少出门的李清照去拜访了米友仁，并请其为字帖题跋。也因着这份题跋，本就价值连城的字帖更成了无价之宝。但李清照从未想过将其变卖，而是一直收藏着这幅字帖，直至离世。

李清照的文人风骨贯穿生命的始终，虽是一弱女子，却有山骨梅魂。独以一支墨笔，写遍山河万里，人世悲欢。

诗词欣赏

渔家傲·天接云涛连晓雾

李清照

天接云涛连晓雾，星河欲转千帆舞。

仿佛梦魂归帝所。闻天语，殷勤问我归何处。

我报路长嗟日暮，学诗谩有惊人句。

九万里风鹏正举。风休住，蓬舟吹取三山去！

赏　析

　　这首《渔家傲》格调豪迈，气势不凡，充满浪漫主义情怀，与李清照其他的婉约词形成了鲜明的对比，让人印象深刻。

　　此词开篇描述了半空上的滚滚浮云与海面上升腾起的浓雾连在一起难解难分的奇特景象，给人以壮丽、辽阔之感。词人傲立船头，凝视着海上风浪、天穹星河，她的灵魂随着风浪颠簸、漂泊，恍惚间，似乎飘飘荡荡地来到了天宫。词人以实景衬托虚境，既刻画了一种真实的海上漂泊感，又向读者描绘了梦境般奇妙绚丽的天宫场景。

　　而上阕中的末句"闻天语，殷勤问我归何处"进一步刻画了那种如梦如幻之感，读来令人拍案叫绝，也为此词奠定了奇绝壮美的基调。

　　下阕开篇呼应上阕末句，即"我"回答

天帝道："路途遥远，可惜已近日暮，从前学诗作词，常常能吟诵出令人惊喜之句，但如今所学皆空无一用……"一个"嗟"字点出词人此时的心境：人至暮年时茫然无措、孤苦无依的凄凉与苦闷。而"学诗谩有惊人句"则是词人对自身命运的喟叹：空有才华却命途坎坷、求诉无门。

然而，词人并未沉浸在这种凄凉的氛围中，她用"九万里风鹏正举。风休住，蓬舟吹取三山去"的豪迈词句抒发了自己对理想世界的追求与向往，将自己性格中的洒脱、率真、豪放不羁淋漓尽致地展现在读者面前。此词格局开阔，境界高超，堪称李清照的词中不可多得的一首杰作。

寻寻觅觅，
铸千古绝唱

　　李清照身为婉约派代表词人，可以说是宋朝词坛中最为杰出的一位女词人。因其才华横溢，又经历坎坷，其词作自有一番风味，实是大宋文坛不可多得的人才。

　　李清照不仅词作华美，在理论方面亦有所成就，故而被后世推崇。李清照著有《词论》，对词的发展做了系统的梳理，并得出了"词别是一家"的结论，影响深远。

　　《声声慢》是李清照晚年的代表词作，从这首词里，不仅能读出她的情，更能看出其对词的理解。这时的李清照已在临安安居数年，洗尽铅华，宠辱偕忘。

　　李清照深知，故土难回，归途不再，梦里的故乡已是回不去的远方。但往事难忘，离合悲欢如一杯烈酒，涌上心头，化作点点相思泪，缠绵不休。

守在窗前，听雨声潺潺。秋风乍起，百花落尽，衰草连天，一片萧索。这样冷清的景象，徒教人哀伤。南归的大雁再带不来远方的回信，几杯淡酒怎压得住入骨的相思。只可惜，醉梦里仍望不见归人。

李清照便是这样守着往事，挨过一个又一个长夜。只是长夜漫漫，思念的人不常到梦里来。空对着天边残月，听着更漏声声，辗转反侧，彻夜难眠。醒来时，依旧是那般憔悴。

李清照将自己的这份愁思入词，便有了千古绝唱《声声慢》。"寻寻觅觅，冷冷清清，凄凄惨惨戚戚。"开头几句便将离愁别怨诉尽。几个叠词，便是李清照半生的痴缠。

李清照说词别是一家，便是强调词与诗的不同。李清照认为，词更重音律，追求音韵和谐的美感。同时，词也更重文雅，与诗的大开大合不同，更加隽永缠绵。

《声声慢》便是李清照《词论》的成功实践。既有节拍音韵之美，又有词本身的优美，同时也达到了抒情的效果。词中并无过多的华丽修饰，而是用最真诚的感情打动人心。李清照的情是《声声慢》的魂，而其技巧便是支撑词作的骨。李清照能以短短几句道尽心中愁苦，让人感同身受，实在不负"千古第一女词人"的佳名。

诗词欣赏

声声慢·寻寻觅觅

李清照

寻寻觅觅，冷冷清清，凄凄惨惨戚戚。

乍暖还寒时候，最难将息。

三杯两盏淡酒，怎敌他、晚来风急！

雁过也，正伤心，却是旧时相识。

满地黄花堆积，憔悴损，如今有谁堪摘？

守着窗儿，独自怎生得黑！

梧桐更兼细雨，到黄昏、点点滴滴。

这次第，怎一个愁字了得。

赏　析

这首词写于词人晚年，是其代表词作之一。

首句十四个字皆用叠词，不仅创意独特，更可见词人功底之深厚。后人多有效仿之句，但都不及本句之精妙。叠词的使用强化了词人的情感，更显凄苦之情。

乍暖还寒，天气多变，让人难以入眠。词人起身倒酒，想要借着醉意入眠，却不曾想，几杯淡酒无法抵御夜间的冷风，反而吹得人更加清醒，人也就更加孤寂。大雁飞过，像是似曾相识，词人也曾有过"鸿雁传书，鱼传尺素"的期盼，如今已是物是人非。

菊花落尽，残叶堆积在地上，无人摘取。词人不知如何打发时光，只能待在窗边，等日落西山。雨打在梧桐叶上，点点滴

滴，一直到黄昏时分。词人用残菊、梧桐、
细雨等意象烘托出了凄清的氛围，以此来突
出自己内心的苦，无法用一个简单的"愁"
字来概括。

传奇才女悄然谢幕

枕上诗书，尘世惊鸿

西湖歌舞不休，日日浮华醉梦。人们在玉楼金阙中，渐行渐远，找不到归途。然而尘世中的诸多繁华已与李清照无关了，她只守着自己的日子，也只看得清自己的心。

李清照晚年时曾想将自己的才学传于一女子孙氏，却不想那女子竟以"才藻非女子事也"为由拒绝。想来李清照或多或少都会有些失望，毕竟自己一向以文才闻名于世，想将满腹才学留下。

这位孙氏恰巧是陆游一位表兄弟的妻子。多年之后，这位表兄托陆游为妻子写墓志铭，陆游便将这件事写在了《夫人孙氏墓志铭》中，这件事得以被后人知晓。

以今人眼光来看，能得李清照的青眼属实难得，必然欣然同意，怎会开口拒绝？但若放在讲究"三从四德"的古代，这拒绝的理由让人无法反驳。因为那时的人们觉得"女子无才便是德"，如李清照这般擅长辞藻的女子是不同寻常的。这份世俗眼中的"尴尬"倒将李清照的才华、识见衬托得如璀璨星光点亮了万古长空。

如此看来，大宋王朝能得李清照这样一位风华绝代的才女实在不易，乃是"天时地利人和"。而李清照也以自己的才华反哺了那个时代，为婉约词派的发展贡献了自己的力量。

余晖尽散，海棠依旧

李清照一生作词无数，她的词里有豆蔻年华的芳心暗许，有大宋才女的风光肆意，有烟火人间的纸短情长，也有家国破碎的惆怅悲凉。李清照用敏感纤细的笔触在中国文学史上留下了浓墨重彩的一笔，成就了"易安体"的美名。

岁月静好的时光总是有限，易安却从来难安。朝堂上的明争暗斗、家族的盛衰荣辱都在影响着李清照的命运，以致最后国破家亡，颠沛流离，再无归途。到如今，守着半窗残月，不问世事，似乎一切都归于平静。只有些许旧梦提醒着这位已入古稀之年的老人，往昔的美好并非过眼云烟，而是留在了记忆深处，便如同当年的那树海棠，鲜艳依旧。

　　庭院深深，斜晖脉脉。小院里岁月悠长，四季清宁。李清照便在这样的清平中走到了生命的尽头。

参考文献

[1] 陈组美 . 李清照词选 [M]. 北京：人民文学出版社，2016.

[2] 郭宏文，陈艳婷 . 李清照 [M]. 北京：团结出版社，2020.

[3] 康震 . 康震评说李清照 [M]. 北京：中华书局，2007.

[4] 孔祥秋 . 李清照词传 [M]. 西安：太白文艺出版社，2020.

[5] 兰丽敏 . 烟雨无痕，岁月无恙：李清照传 [M]. 北京：北京理工大学出版社，2019.

[6] 李汉超 . 宋词选语义通释 [M]. 沈阳：辽宁大学出版社，1986.

[7] 李清秋 . 大宋词人那些事：绝代宋词背后的精彩故事 [M]. 北京：中国华侨出版社，2017.

[8]（北宋）李清照著，孙秋克选编、评注 . 国学经典·典藏版：李清照诗词选 [M]. 郑州：中州古籍出版社，2018.

[9]（宋）李清照著，吴惠娟导读 . 李清照词集 [M]. 上海：上海古籍出版社，2009.

[10]（宋）李清照著，徐培均笺注 . 李清照集笺注（简体版）[M]. 上海：上海古籍出版社，2021.

[11]（宋）李清照著.漱玉词 [M].南京：江苏凤凰文艺出版社，2019.

[12] 沈念.繁华散尽，许你一场地老天荒：李清照的才情、美丽与哀愁 [M].北京：新世界出版社，2015.

[13] 李志敏.宋词名篇鉴赏（卷3）[M].北京：民主与建设出版社，2015.

[14] 利宝，朱翔.李清照全传 [M].北京：光明日报出版社，2002.

[15] 林希美.李清照传：人世阴晴难定，我亦风华绝代 [M].北京：台海出版社，2018.

[16] 灵犀.李清照：枕上诗书闲处好 [M].天津：天津人民出版社，2018.

[17] 刘小川.李清照传 [M].武汉：长江文艺出版社，2022.

[18] 梅寒.煮酒笺花，人归何处：李清照传 [M].南京：江苏凤凰文艺出版社，2018.

[19] 清君侧.一种相思两处闲愁：李清照传 [M].北京：北京工业大学出版社，2017.

[20] 随园散人.半生烟雨，半世落花：李清照传 [M].北京：人民交通出版社，2016.

[21] 王臣.时光清浅，许你安然：千古才女李清照词传 [M].北京：现代出版社，2017.

[22] 吴功正.宋代美学史 [M].南京：江苏教育出版社，2007.

[23] 邢万军. 李清照：清泪入词，洗净凡尘铅华梦 [M]. 哈尔滨：北方文艺出版社，2019.

[24] 徐北文，石万鹏. 李清照诗词选 [M]. 济南：济南出版社，2009.

[25] 徐北文. 李清照全集评注 [M]. 济南：济南出版社，2005.

[26] 徐培均. 李清照 [M]. 北京：人民文学出版社，2015.

[27] 严晓慧. 悲读李煜，伤读易安 [M]. 北京：中国华侨出版社，2014.

[28] 杨雨. 李清照传 [M]. 武汉：长江文艺出版社，2020.

[29] 易菲. 与你相遇的美好：李清照的爱情札记 [M]. 北京：中国华侨出版社，2013.

[30] 郁海彤. 风华绝代：中国历史上的那些才女们 [M]. 北京：台海出版社，2017.

[31] 朱丹红. 一种相思，两处闲愁：李清照词传 [M]. 北京：万卷出版公司，2019.

[32] 邱红竹. 论李清照词的"愁"情 [J]. 杨凌职业技术学院学报，2008（2）：69-72.

[33] 王余方. 李清照词中"梅"的审美内涵 [J]. 长安学刊，2010（3）：37-38.

[34] 吴军兰. 赵明诚与他的《金石录》[J]. 丽水师范专科学校学报，2000（6）：34-37.